westermann

Achim Berlin

exakt! Prüfungsvorbereitung

Wirtschafts- und Sozialkunde

Nachschlagewerk und Prüfungstrainer
für gewerblich-technische Berufe

1. Auflage

Bestellnummer 235100

Die in diesem Produkt gemachten Angaben zu Unternehmen (Namen, Internet- und E-Mail-Adressen, Handelsregistereintragungen, Bankverbindungen, Steuer-, Telefon- und Faxnummern und alle weiteren Angaben) sind i. d. R. fiktiv, d. h., sie stehen in keinem Zusammenhang mit einem real existierenden Unternehmen in der dargestellten oder einer ähnlichen Form. Dies gilt auch für alle Kunden, Lieferanten und sonstigen Geschäftspartner der Unternehmen wie z. B. Kreditinstitute, Versicherungsunternehmen und andere Dienstleistungsunternehmen. Ausschließlich zum Zwecke der Authentizität werden die Namen real existierender Unternehmen und z. B. im Fall von Kreditinstituten auch deren IBANs und BICs verwendet.

Die in diesem Werk aufgeführten Internetadressen sind auf dem Stand zum Zeitpunkt der Drucklegung. Die ständige Aktualität der Adressen kann vonseiten des Verlages nicht gewährleistet werden. Darüber hinaus übernimmt der Verlag keine Verantwortung für die Inhalte dieser Seiten.

service@westermann.de
www.westermann.de

Bildungshaus Schulbuchverlage Westermann Schroedel Diesterweg Schöningh Winklers GmbH, Postfach 33 20, 38023 Braunschweig

ISBN 978-3-14-**235100**-1

westermann GRUPPE

Vorwort

*Angst vor Prüfungen? Sicherheit im Unterricht erwerben? Dann haben Sie mit **exakt! Wirtschaft und Sozialkunde** das richtige Buch in Händen, um sich für Ihre Prüfung fit zu machen.*

Dieses Werk berücksichtigt
- die Aktualität der Inhalte und
- die gesamten **Ausbildungs- und Prüfungsgegenstände** für den Unterricht in der Berufsschule im Bereich Wirtschafts- und Sozialkunde für **gewerblich-technische Ausbildungsberufe**.

Dabei wird der Inhalt der neuen Ausbildungs- und Prüfungsgegenstände vollständig dargestellt. Ein Angebot, dass auch allen **anderen Auszubildenden** und **Lernenden** für Klassenarbeiten und Prüfungen nützlich sein kann.

Das Buch enthält die vollständigen **drei neuen Prüfgebiete** als eigene Kapitel:

I Der Jugendliche in Ausbildung und Beruf
II Nachhaltige Existenzsicherung
III Unternehmen und Verbraucher in Wirtschaft und Gesellschaft sowie im Rahmen weltwirtschaftlicher Verflechtungen

Zahlreiche praxisnahe Beispiele verdeutlichen die Relevanz der Themen und tragen zur Verständlichkeit bei.

Die einzelnen Inhalte sind dem **Inhaltsverzeichnis** zu entnehmen. Im **Sachwortverzeichnis** am Ende des Buches können Sie alle erklärten Begriffe nachschlagen.

Viel Erfolg wünscht Ihnen der Verfasser.

Inhalt

Prüfgebiet II: Nachhaltige Existenzsicherung

Prüfgebiet III: Unternehmen und Verbraucher in Wirtschaft und Gesellschaft

Prüfgebiet II: Nachhaltige Existenzsicherung

Prüfgebiet III: Unternehmen und Verbraucher in Wirtschaft und Gesellschaft

Nachschlageteil

Früher war die Ausbildung eine Lehre, wofür bis in die Fünfziger Jahre teilweise dem Lehrherren Geld bezahlt werden musste. Heute ist die Ausbildung in unserem demokratischen System eine anspruchsvolle Tätigkeit für Ausbildende (Arbeitgeber) und Auszubildende.

Prüfgebiet I: Der Jugendliche in Ausbildung und Beruf

1 Aus-, Fort- und Weiterbildung

1.1 Der Ausbildungsberuf

Die staatliche Anerkennung der Ausbildungsberufe, von denen es in Deutschland über 300 gibt, übernimmt der jeweilige Fachminister beim Bund (Bundesarbeits-, Bundeswirtschaftsminister). Arbeitgeber- und Arbeitnehmerverbände/Gewerkschaften wirken an diesem Anerkennungsverfahren mit.

Die Berufsausbildung in Deutschland erfolgt im Rahmen des „**Dualen Systems**", das heißt, dass die Ausbildung an den Lernorten **Berufsschule** und **Betrieb** erfolgt.
Die Berufsschule vermittelt die eher theoretischen, der Betrieb die praktischen Ausbildungsinhalte; die Berufsschule sorgt auch für die Erweiterung der allgemeinbildenden Inhalte, die jeder Bürger benötigt (z. B. Deutsch, Englisch, Politik). Gesetzliche Grundlage der Ausbildung des Betriebes ist das **Berufsbildungsgesetz**.
Die Inhalte der Berufsschule werden durch Schulgesetze der jeweiligen Kultusministerien der Bundesländer bestimmt.

Die Vertragspartner in der Ausbildung

Ob ein Betrieb ausbilden darf, wird von der jeweils zuständigen Kammer (**HWK** = Handwerkskammer, **LWK** = Landwirtschaftskammer, **IHK** = Industrie- und Handelskammer, Ärztekammer usw.) festgestellt.
Neben der fachlichen **Eignung des Ausbildungsbetriebes** ist auch die persönliche Eignung des Ausbildenden vorgeschrieben.

1.2 Umschulung und Fortbildung/Weiterbildung

Sonderfälle der beruflichen Ausbildung sind die **Umschulung** und die **Fort- und Weiterbildung**.

Den gesetzlichen Auftrag, Umschulungen und Fortbildungen finanziell zu fördern, hat die Bundesagentur für Arbeit mit ihren Zweigstellen in den Bundesländern, Kreisen und Städten. Das zuständige Gesetz ist das **Arbeitsförderungsgesetz** (AFG). Dieses Gesetz soll dazu beitragen, dass weder Arbeitslosigkeit noch minderwertige Beschäftigung eintreten oder fortdauern. Auch soll der Arbeitnehmer in der Lage sein, sich beruflich den immer schneller wandelnden Anforderungen des Berufslebens anpassen zu können; diese **berufliche Flexibilität** oder Mobilität verlangt nach der Ausbildung eine regelmäßige Fort- und Weiterbildung.

Nach dem Arbeitsförderungsgesetz bedeutet **Umschulung** eine Ausbildungsmaßnahme für Erwachsene, die den Übergang in eine andere, zukunftsorientierte Tätigkeit ermöglichen soll. Die Überwachung von Umschulungsmaßnahmen obliegt den Kammern ebenso wie die Abnahme der Prüfung nach der Umschulung. Die Abschlussprüfung von Umschülern ist identisch mit der Abschlussprüfung der Auszubildenden.

Die **berufliche Fortbildung** soll die beruflichen Kenntnisse und Fertigkeiten erhalten, erweitern und der Entwicklung anpassen, auch um beruflich aufzusteigen. Diese Fortbildung im erlernten Beruf wird häufig der **Weiterbildung** gegenübergestellt, bei der auch neue Berufe erlernt werden. Ziel der beruflichen Fort- und Weiterbildung ist es, den sich ständig verändernden Anforderungen im beruflichen und gesellschaftlichen Leben im Sinne des **lebenslangen Lernens** gerecht zu werden.

2 Das Berufsbildungsgesetz

Das Berufsbildungsgesetz ist ein Bundesgesetz, das Bundestag und Bundesrat beschlossen haben. Unter der **Berufsbildung** im Sinne des Gesetzes sind die folgenden Begriffe zusammengefasst:

- Berufsausbildungsvorbereitung: In Berufsschulen wird an eine Berufsbildung in einem anerkannten Ausbildungsberuf herangeführt.
- Berufsausbildung im Rahmen des dualen Systems
- Umschulung
- Fortbildung

Nach dem Berufsbildungsgesetz ist jede Kammer verpflichtet, **Ausbildungsberater** zu beschäftigen. Diese unterstützen Betriebe, die ausbilden möchten. Der Ausbildungsberater vermittelt auch bei Konflikten zwischen Auszubildenden und Betrieben, um Ausbildungsabbrüchen vorzubeugen.

In dem jeweiligen Ausbildungsberuf darf nur nach der bundeseinheitlichen **Ausbildungsordnung** ausgebildet werden. Diese regelt verbindlich

- die Ausbildungsdauer,
- die zu vermittelnden Fertigkeiten und Kenntnisse (Ausbildungsinhalte),
- den zeitlichen Ablauf der Ausbildung (**Ausbildungsrahmenplan**) und
- die Prüfungsanforderungen.

Der Ausbildungsbetrieb muss dem Auszubildenden die Ausbildungsordnung vor Beginn der Ausbildung kostenlos aushändigen und daraus einen betriebsbezogenen, gegliederten **Ausbildungsplan** erstellen.

Jeder Auszubildende muss während der gesamten Ausbildungszeit regelmäßig (mindestens monatlich) den **Ausbildungsnachweis** in Form eines Berichtsheftes führen, in dem die tatsächlich ausgeübte Tätigkeit stichwortartig beschrieben wird. Unvollständige bzw. fehlende Ausbildungsnachweise können eine Nichtzulassung zur Abschlussprüfung zur Folge haben.

3 Der Ausbildungsvertrag – Form, Inhalt, Beendigung

Unmittelbar nach der Zusage zur Ausbildung, noch vor Ausbildungsbeginn, muss der Ausbildungsbetrieb den **Ausbildungsvertrag** schriftlich vorlegen.
Vertragspartner sind der **Ausbildende** (Betrieb) und der **Auszubildende** sowie bei Minderjährigen die gesetzlichen Vertreter, die den Vertrag mit unterschreiben müssen.

Der Ausbildungsvertrag mit beigefügtem Ausbildungsplan muss unverzüglich der Kammer zur Prüfung zugeleitet werden, die auch das Verzeichnis aller Berufsausbildungsverhältnisse in ihrem Bezirk führt. Der **Ausbildungsvertrag** muss folgende **Mindestinhalte** aufweisen:

1. Art, Gliederung und Ziel der Ausbildung (z. B. Industriemechaniker)
2. Beginn und Dauer der Ausbildung (z. B. 01.08.2017 bis 31.07.2020)
3. Überbetriebliche Ausbildungsmaßnahmen der Innung oder Kammer
4. Dauer der regelmäßigen täglichen Ausbildungs-/Arbeitszeit.
   ***Minderjährige**: Die Arbeitszeit beträgt laut Jugendarbeitsschutzgesetz (JArbSchG) acht Std. täglich, 40 Std. in der Woche als Regelfall. Minderjährige Berufsschüler dürfen an ihrem „Stammtag“ nach mindestens sechs Unterrichtsstunden nicht mehr beschäftigt werden, am zweiten Schultag ist die tatsächliche Unterrichtszeit auf die Wochenarbeitszeit anzurechnen. Bei Blockunterricht gelten 25 Wochenstunden an fünf Tagen als volle Arbeitswoche.*

   An einem vor 9 Uhr beginnenden Unterrichtstag dürfen Auszubildende vorher nicht in ihrem Betrieb beschäftigt werden – dies gilt auch für volljährige Auszubildende.

   ***Volljährige** können nach der Berufsschule beschäftigt werden, dabei werden die tatsächlichen Unterrichtsstunden auf die Wochenarbeitszeit angerechnet.*
5. Dauer der Probezeit (mindestens ein, höchstens vier Monate)
6. Zahlung und Höhe der Vergütung
7. Dauer des Urlaubs
8. Kündigungsmöglichkeiten in der Ausbildung
9. Hinweise auf Tarifverträge oder Betriebsvereinbarungen, die in der Ausbildung gelten (z. B. Freistellung für politische Weiterbildungen)

3.1 Pflichten der Vertragspartner in der Ausbildung

Der **Ausbildungsbetrieb** hat die berufliche **Handlungsfähigkeit** (Kenntnisse, Fertigkeiten und Fähigkeiten) als Hauptpflicht zu vermitteln, Material und Werkzeuge kostenlos bereitzustellen, die charakterliche Förderung des jungen Menschen mit zu übernehmen und ihn für die Berufsschule und überbetriebliche Ausbildungen freizustellen. Auch hat er ihn zur Führung des **Ausbildungsnachweises** (Berichtsheft) anzuhalten und dies zu kontrollieren.

Der **Auszubildende** dagegen verpflichtet sich zu **lernen**, an den vorgeschriebenen Prüfungen und dem Berufsschulbesuch teilzunehmen, den Weisungen, die im Rahmen der Ausbildung erteilt werden, zu folgen, die Betriebsordnung zu beachten und die Arbeitsmittel pfleglich zu behandeln. Auch hat er über betriebliche Dinge Stillschweigen zu bewahren.

Nach dem BBiG **endet** das **Ausbildungsverhältnis**
a) mit Bestehen der Prüfung, wenn diese **vor Vertragsabschluss** liegt, oder
b) mit Ablauf des Vertrages, wenn dieser **vor dem letzten Prüfungsteil** liegt.

Beispiel

Endet die Ausbildung am 31.07. und die letzte Prüfung findet am 16.06. statt, ist die Ausbildung am 16.06. beendet. Arbeitet der ehemalige Auszubildende im Betrieb weiter, liegt ein unbefristeter Arbeitsvertrag vor und es besteht das Recht auf ein entsprechendes Gehalt.
Endet der Vertrag am 31.07. und der letzte Prüfungsteil erfolgt am 15.08., ist die Ausbildung mit dem 31.07. beendet; natürlich macht der ehemalige Auszubildende dann die Prüfung zu Ende.

Sollte ein Auszubildender nach bestandener Abschlussprüfung den Betrieb wechseln wollen, ist dazu **keine Kündigung nötig**, da der **Vertrag beendet** ist. Eine rechtzeitige Unterrichtung des ausbildenden Betriebes sollte erfolgen, was natürlich auch für den Betrieb gilt, der den Auszubildenden rechtzeitig vor der Prüfung über seine Chancen auf Weiterbeschäftigung informieren sollte.

3.2 Arbeitszeugnisse

Bei Beendigung der Ausbildung ist dem Auszubildenden ein **Arbeitszeugnis** auszustellen. Dieses enthält Angaben über Art, Ziel und Dauer der Ausbildung sowie über die erworbenen beruflichen Fertigkeiten, Fähigkeiten und das Verhalten im Betrieb. Das ausführliche Zeugnis ist ein sogenanntes **qualifiziertes Arbeitszeugnis**.

Das **Bundesarbeitsgericht** – das höchste deutsche Arbeitsgericht – hat entschieden, dass ein Zeugnis „wohlwollend" zugunsten des Arbeitnehmers formuliert, aber auch „wahr" sein muss. Daher hat sich in Deutschland ein **Zeugniscode** entwickelt, der mit Umschreibungen die Leistungen des zu Beurteilenden formuliert.

Bewertung der Gesamtleistung

Formulierung	**Bewertung**
... stets zu unserer vollsten Zufriedenheit ...	sehr gut
... stets zu unserer vollen Zufriedenheit ...	gut
... stets zu unserer Zufriedenheit ...	befriedigend
... zu unserer Zufriedenheit ...	ausreichend
... im Großen und Ganzen zu ...	mangelhaft
... zu unserer Zufriedenheit zu erledigen versucht ...	ungenügend

Bewertung des Arbeitserfolgs und der Arbeitsweise

Formulierung	Bewertung
... stets mit größter Sorgfalt und Genauigkeit ...	sehr gut
... mit großer Sorgfalt und Genauigkeit ...	gut
... mit Sorgfalt und Genauigkeit ...	befriedigend
... im allgemeinen mit Sorgfalt und Genauigkeit ...	ausreichend

Ist der zu Beurteilende mit dem Zeugnis nicht zufrieden, sollte er versuchen, sich mit seinem Arbeitgeber zu einigen. Gelingt dies nicht, ist eine Schlichtung bzw. eine Klage beim Arbeitsgericht möglich. Bei einem sehr schlechten Zeugnis muss der Arbeitgeber Beweise vorlegen. Für ein sehr gutes bis gutes Zeugnis liegt die Beweislast aber beim Arbeitnehmer selbst.

Alternativ kann auch ein **einfaches Arbeitszeugnis** ausgestellt werden. Dieses enthält neben den Angaben zur Person des Arbeitnehmers nur die Art und Dauer der Beschäftigung sowie eine kurze Beschreibung der Tätigkeiten.

4 Das Jugendarbeitsschutzgesetz

Das **Jugendarbeitsschutzgesetz** soll alle jungen Arbeitnehmer zwischen 15 und 18 Jahren (Auszubildende und andere Arbeitnehmer) vor einer Gefährdung ihrer Gesundheit oder einer Störung ihrer Entwicklung bewahren.

Nachstehend einige gesetzliche Regelungen:

- **Kinderarbeit**, d. h. die Beschäftigung von Personen unter 15 Jahren, ist verboten; Ausnahme: leichte Tätigkeiten wie Prospekte austragen
- **Arbeitszeit**: höchstens acht Stunden pro Tag und 40 Stunden in der Woche
- **Berufsschulbesuch** (siehe oben)
- **Prüfung**: Freistellung für alle Prüfungstage und am Tag **vor** der schriftlichen Prüfung
- **Ruhepausen**: Bei einer Arbeitszeit von 4,5 bis sechs Stunden = 30 Minuten, bei einer Arbeitszeit über 6 Stunden = 60 Minuten; Pausen müssen mindestens 15 Minuten umfassen.
- **beschäftigungsfreie Zeit**: Zwischen Arbeitsende und nächstem Arbeitsbeginn müssen mindestens zwölf Stunden liegen.
- **Nachtruhe**: Jugendliche dürfen nur zwischen 06:00 bis 20:00 Uhr arbeiten; Ausnahmen beispielsweise in Gaststätten (bis 22:00 Uhr), in Bäckereien (ab 04:00 Uhr für 17-Jährige, ab 05:00 Uhr für 16-Jährige).
- **Fünf-Tage-Woche**: Jugendliche dürfen nur an insgesamt fünf Tagen in der Woche arbeiten und sollen grundsätzlich an Wochenenden frei haben.
- **Urlaub**: Unter 16 Jahren = mindestens 30 Werktage
  Unter 17 Jahren = mindestens 27 Werktage
  Unter 18 Jahren = mindestens 25 Werktage

Gelten Tarifverträge und ist die Urlaubsdauer dort länger (z. B. 30 Tage), gilt der längere Urlaubsanspruch auch für die Jugendlichen. Es gilt das sogenannte **Günstigkeitsprinzip**, wonach immer die Regelung für Arbeitnehmer gilt, die für diese am günstigsten ist.

- **Beschäftigungsverbote**: Arbeit unter Tage, Akkord- und Fließbandarbeit, gefährliche Arbeiten (Lärm, Strahlen, außergewöhnliche Hitze, Kälte, Nässe, Arbeit mit gefährlichen Stoffen)
- **Gefahrenschutz**: Der Ausbilder muss den Jugendlichen über Gefahren im Betrieb informieren.
- **Ärztliche Untersuchungen**: Vorgeschrieben sind je eine Untersuchung **vor** Beginn der Ausbildung **und** ein Jahr nach Beginn der Ausbildung – sofern der oder die Jugendliche dann noch nicht volljährig ist.
- Kontrolle durch das **Gewerbeaufsichtsamt**.

5 Kündigungsmöglichkeiten in der Ausbildung

In der **Probezeit** darf der Ausbildungsvertrag von beiden Vertragspartnern ohne Angabe von Gründen – aber schriftlich – gekündigt werden. **Nach der Probezeit** kann das Ausbildungsverhältnis nur gekündigt werden:

a) aus einem **wichtigen Grund von beiden Seiten** ohne Einhalten einer Kündigungsfrist (fristlose Kündigung), z. B. bei Diebstahl, Tätlichkeit, regelmäßigen Verspätungen, sexueller Belästigung – diese Kündigung ist unwirksam, wenn die Tatsachen dem zur Kündigung Berechtigten länger als zwei Wochen bekannt sind. Der **Ausbildungsbetrieb** kann nach der Probezeit nur aus wichtigem Grund kündigen;

b) vom **Auszubildenden** mit einer Kündigungsfrist von vier Wochen, wenn er die Berufsausbildung aufgeben oder sich für eine andere Berufstätigkeit ausbilden lassen will.

In beiden Fällen muss die Kündigung **schriftlich** und unter Angabe der Kündigungsgründe erfolgen.

6 Die Ausbildungsvergütung

Die **Ausbildungsvergütung** (brutto = ohne Abzüge) muss mit fortschreitender Berufsausbildung jährlich erhöht werden. Ob die Ausbildungsvergütung dem geltenden Mindestsatz entspricht, kann der Auszubildende im Lohn- oder Gehalts-Tarifvertrag nachlesen bzw. im Ausbildungsvertrag nachsehen, der die Vergütungen für die jeweiligen Jahre darstellt. Der **Auszahlungsbetrag** ergibt sich aus dem Bruttobetrag abzüglich der **Sozialversicherungsabgaben** und möglicher Abzüge für vermögenswirksame Leistungen, beispielsweise für den Bausparvertrag. Er soll spätestens am letzten Arbeitstag des Monats ausgezahlt werden.

Erkrankt der Auszubildende/Arbeitnehmer und wird dadurch arbeitsunfähig, so ist die Vergütung vom Betrieb bis zu einer Dauer von sechs Wochen weiterzuzahlen (= **Entgeltfortzahlungsgesetz**). Bleibt der Auszubildende/Arbeitnehmer weiterhin erkrankt, erhält er ab der siebten Woche Krankengeld von der Krankenkasse.

7 Die Abschlussprüfung

In den anerkannten Ausbildungsberufen werden Abschlussprüfungen durchgeführt. Die Kammer hat dafür eine **Prüfungsordnung** zu erstellen. Die Prüfung kann im Falle des **Nichtbestehens** zweimal wiederholt werden.

Durch die **Abschlussprüfung** wird festgestellt, ob der Prüfling die **berufliche Handlungsfähigkeit** erworben hat. In ihr soll er nachweisen, dass er die erforderlichen beruflichen Fertigkeiten beherrscht, die notwendigen beruflichen Kenntnisse und Fähigkeiten besitzt und mit dem im Berufsschulunterricht vermittelten Lehrstoff vertraut ist.

Die allgemeinbildenden Fächer, die in der Berufsschule vermittelt werden (Deutsch, Religion, Sport, Englisch), sind **keine** eigenständigen Prüfungsfächer. Prüfungsfach in jeder Prüfung ist das Fach **WISO**, das rechtliche und wirtschaftliche Zusammenhänge beinhaltet.

Der **Prüfungsausschuss** besteht aus mindestens drei Mitgliedern; dem Ausschuss müssen mindestens je ein Arbeitgebervertreter, ein Arbeitnehmervertreter sowie mindestens eine Lehrkraft einer beruflichen Schule angehören.
Der Prüfungsausschuss führt die praktische Prüfung durch, errechnet unter Einbeziehung der schriftlichen Prüfung die jeweiligen Noten und entscheidet über das Gesamtergebnis. Zur **Abschlussprüfung** ist **zuzulassen**, wer

- die Ausbildungszeit absolviert hat,
- an vorgeschriebenen Zwischenprüfungen teilgenommen hat und
- die vorgeschriebenen schriftlichen **Ausbildungsnachweise** geführt hat.

Auszubildende können nach Anhörung der Ausbildenden und der Berufsschule **vorzeitig** ihre Abschlussprüfung ablegen, wenn ihre **Leistungen** dies rechtfertigen. Die Entscheidung fällt der Prüfungsausschuss.

8 Der Ausbildungsbetrieb in der Gesamtwirtschaft

Der Weg, den ein Produkt bis zu seinem Käufer zurücklegt, ist lang und kompliziert. So „geht" ein Bleistift als einfaches Produkt bis zum Endverbraucher einen weiten Weg, der im Sägewerk beginnt und beim Einzelhändler endet.

Die eingeschalteten **Wirtschaftsbereiche** werden wie folgt gegliedert:

a) **Primärer** Wirtschaftsbereich
   Er besteht aus Anbau- und Abbaubetrieben. Zu den Anbaubetrieben werden die Land- und Forstwirtschaft sowie die Fischereiwirtschaft gerechnet. Zu den Abbaubetrieben gehören Bergwerke und Erdölgewinnungsbetriebe.

b) **Sekundärer** Wirtschaftsbereich
Er umfasst die Produktionsbetriebe mit Industrie und Handwerk; dabei werden die Erzeugnisse be- und verarbeitet und instandgesetzt.

c) **Tertiärer** Wirtschaftsbereich = Dienstleistungsbereich
Dazu gehören Handelsbetriebe des Groß- und Einzelhandels zur Verteilung der Güter, Transportbetriebe mit Bahn, Post, Reedereien, Fluggesellschaften, Speditionen, Bankbetriebe mit Kreditbanken, Sparkassen, Genossenschaftsbanken zur Sicherung des Geldstromes und zur Bereitstellung von Krediten und Versicherungsbetriebe, die beispielsweise Feuerversicherungen und Kfz-Versicherungen für Betriebe und Haushalte anbieten, um mögliche Schäden finanziell abzudecken.

8.1 Beruflicher Wandel

Früher war der einmal erlernte Beruf ein lebenslanger Begleiter auf dem Weg bis zur Rente. Heute verfällt das Wissen in immer kürzeren Zeitabständen und das Lernen hört nie auf.

Beispiel

Sägewerker ist heute kein Ausbildungsberuf mehr – das neue Berufsbild ist das des **Holzbearbeitungsmechanikers** in den Fachrichtungen Sägeindustrie, Holzindustrie, Holzwerkstoffindustrie und Holzleimbauindustrie.

Die **Beschäftigungsrisiken** in den Berufen haben zugenommen. Sie sind besonders dann gegeben, wenn es in dem angestrebten Beruf nur wenig Arbeitsplätze gibt, die Anzahl der Beschäftigten im Berufsfeld abnimmt und/oder die Arbeitsplätze ins Ausland verlagert werden. Deshalb ist es für den Auszubildenden wichtig zu wissen, ob und wie der erlernte Beruf günstige **Arbeits**- und **Aufstiegsmöglichkeiten** bietet. Eine wichtige Informationsquelle ist neben dem Internet die örtliche Arbeitsagentur, die durch Beratung und spezielle Datenbanken Ansprechpartner sein sollte.

Beispiel

Arbeitsmöglichkeiten für Holzbearbeitungsmechaniker: in der Bauzubehör- und Parkettindustrie, in Baumärkten, als Parkettleger, eventuell als Zimmerer. **Aufstiegsmöglichkeiten:** Industriemeister, Holz-Techniker, technischer Fachwirt.

9 Der Arbeitsvertrag

Der **Einzelarbeitsvertrag** wird zwischen dem einzelnen **Arbeitgeber** und dem einzelnen **Arbeitnehmer** abgeschlossen.

Wird die Dauer des Arbeitsverhältnisses vertraglich vereinbart, spricht man von einem **befristeten Arbeitsvertrag**. Dieser endet nach Zeitablauf (z. B. nach 18 Monaten); eine Kündigung ist nicht notwendig. Der **befristete Arbeitsvertrag** darf maximal für 24 Monate bei einem Unternehmen abgeschlossen werden. Innerhalb dieser Zeit darf er dreimal verlängert werden. Ist ein **Betrieb nach 2006** gegründet worden, kann in den ersten vier Jahren nach der Gründung vier Jahre befristet werden, innerhalb dieser Zeit darf mehrfach ohne Vorliegen eines sachlichen Grundes verlängert werden.

In Deutschland galt für Arbeitsverträge lange der Grundsatz der **Formfreiheit**. Arbeitsverträge konnten also auch mündlich vereinbart werden. Millionen Arbeitnehmer arbeiten in Deutschland noch immer ohne schriftlichen Arbeitsvertrag.

Aufgrund des **Nachweisgesetzes vom Juli 2001** sind Arbeitgeber verpflichtet, neue Verträge **spätestens einen Monat nach Arbeitsbeginn** mit den wesentlichen Vertragsbedingungen **schriftlich** niederzulegen, zu unterzeichnen und dem Arbeitnehmer auszuhändigen.
Ein **Arbeitsvertrag** muss laut **Nachweisgesetz** mindestens folgende Punkte enthalten:

- Personalien der Parteien
- Arbeitsplatz
- Stellenbeschreibung/Amtsbezeichnung
- Beginn des Arbeitsvertrages
- Dauer des Arbeitsverhältnisses bei befristeten Arbeitsverträgen
- Dauer des Jahresurlaubes
- einzuhaltende Kündigungsfristen
- Höhe des Arbeitsentgeltes
- Tages- oder Wochenarbeitszeit
- Angabe der Tarifverträge oder anderer kollektiver Vereinbarungen (z. B. Betriebsvereinbarungen)

Die **Hauptpflicht** des **Arbeitgebers** ist die **Lohnzahlungspflicht**.

Vom **Bruttolohn** werden **Steuern** (Einkommenssteuer, Solidaritätszuschlag, Kirchensteuer) und **Sozialversicherungsbeiträge** einbehalten.
Weiterhin hat der Arbeitgeber den Arbeitnehmer zu **beschäftigen** und ist zum Schutz der Person des Arbeitnehmers verpflichtet (**Fürsorgepflicht**). Zu letzterem gehört vor allem die Pflicht zum Schutz der Gesundheit des Arbeitnehmers am Arbeitsplatz.

Der **Arbeitnehmer** hat die Hauptpflicht zu arbeiten (**Dienstleistungspflicht**): ohne Arbeit kein Geld. Weiterhin hat er die **Verschwiegenheitspflicht** über alles, was im Betrieb geschieht, auch darf er dem Arbeitgeber keine Konkurrenz machen (**Wettbewerbsverbot**). Er darf also keine Kunden zu sich abziehen und Aufträge „schwarz" erledigen.

10 Technischer Arbeitsschutz

Vor allem in den sogenannten Billiglohnländern Asiens und Osteuropas gibt es auch heute kaum Schutzvorschriften an den Arbeitsplätzen. Das bedeutet, dass die Arbeitnehmer dort schutzlos den Unfall- und Krankheitsgefahren am Arbeitsplatz ausgesetzt sind.

Der technische oder klassische **Arbeitsschutz** in Deutschland umfasst eine Vielzahl von Maßnahmen. Sie sollen

- Leben und Gesundheit der Arbeitnehmer schützen,
- die Arbeit menschengerechter gestalten und
- die Arbeitskraft der Beschäftigten erhalten.

Arbeitsunfälle und Berufskrankheiten werden von vielen Faktoren beeinflusst. Neben Lärm und Gefahrstoffen sind es Zugluft, Erschütterungen und Nässe, die Arbeitnehmer belasten können.
Die Kontrolle erfolgt durch das **Gewerbeaufsichtsamt**.

Der **Staat** hat zahlreiche **Vorschriften** erlassen, die dem **Arbeitsschutz** dienen. Die wichtigsten sind:

- **Gefahrstoffverordnung**: Sie regelt die Schutzmaßnahmen für Arbeitnehmer beim Umgang mit Gefahrstoffen (Gifte, Säuren, Dämpfe).
- **Arbeitsstättenverordnung**: Sie bestimmt die Ausstattung von Fabriken, Werkstätten und Büros, beispielsweise für Beleuchtung, Belüftung und Abmessungen.
- **Bildschirmarbeitsverordnung**: Sie regelt den Arbeitsschutz beim Umgang mit dem PC, beispielsweise die Größe des Bildschirms, der Abstand von Benutzer zum Bildschirm.
- **Geräte- und Produktsicherheitsgesetz**: Es dürfen nach dem Gesetz nur solche technischen Geräte angeboten und verkauft werden, die sicherheitstechnisch einwandfrei sind. Diese tragen dann das **GS-Zeichen**; die Prüfung erfolgt durch eine unabhängige Stelle, beispielsweise **TÜV** (Technischer Überwachungsverein).
- **PSA-Benutzerverordnung**: PSA = Persönliche Schutzausrüstung. Die Verordnung regelt die Auswahl, Bereitstellung und die Benutzung der jeweils nötigen Schutzausrüstung (Brillen, Helm, Handschuhe).

Eine wesentliche Aufgabe für den Arbeitsschutz erfüllen die **Berufsgenossenschaften (BG)**. Sie erlassen **Unfallverhütungsvorschriften**, die der Vorbeugung dienen und vom Arbeitgeber wie vom Arbeitnehmer unbedingt zu beachten sind.

▸ *Siehe auch unter Berufsgenossenschaft, S. 37.*

11 Sozialer Arbeitsschutz

In Deutschland bilden Gesetze und Regelungen die Grundlage des **Arbeitsrechts**. Dazu gehören:

1. **Gesetze** (z. B. Betriebsverfassungsgesetz, Mutterschutzgesetz, Arbeitszeitgesetz)

2. **Tarifverträge** (z. B. zwischen Arbeitgeberverband und Einzelgewerkschaft)
3. **Betriebsvereinbarungen** zwischen Geschäftsleitung und Betriebsrat
4. Schriftliche **Einzelarbeitsverträge** zwischen Arbeitgeber und Arbeitnehmer

Das deutsche Recht ordnet diese Rechtsgrundlagen von ihrer Bedeutung her gesehen folgendermaßen zu:

Gesetz → Tarifvertrag → Betriebsvereinbarung → Arbeitsvertrag

In den allgemeinen Rechtsgebieten geht immer die obere Regelung vor der nachfolgenden Regelung, d. h., Gesetze gehen vor Tarifverträgen (**Überordnungsprinzip**). Im **Arbeitsrecht** gilt dagegen **immer** die Regelung, die für den Arbeitnehmer am günstigsten ist (**Günstigkeitsprinzip**).

Beispiel

Das Bundesurlaubsgesetz enthält als Mindestregelung 24 Werktage pro Jahr, im Tarifvertrag sind beispielsweise 28 Tage genannt, im Arbeitsvertrag 30 Tage. Rechtswirksam sind die 30 Tage, da sie für den Arbeitnehmer am günstigsten sind.

11.1 Arbeitszeit- und Bundesurlaubsgesetz

Das **Arbeitszeitgesetz** soll die Sicherheit und den Gesundheitsschutz am Arbeitsplatz gewährleisten. Dazu gibt es folgende Regelungen:

- Die Arbeitszeit darf acht Stunden nicht überschreiten. Sie kann auf bis zu zehn Stunden verlängert werden, wenn innerhalb von sechs Monaten im Durchschnitt acht Stunden nicht überschritten werden.
- Ruhepausen von mindestens 30 Minuten bei einer Arbeitszeit von mehr als sechs Stunden, ab neun Stunden gelten 60 Minuten Pause; Ruhepausen müssen mindestens 15 Minuten betragen.
- Die Ruhezeit zwischen den Arbeitstagen muss mindestens elf Stunden betragen.
- Arbeitnehmer dürfen an Sonn- und gesetzlichen Feiertagen von 00:00 bis 24:00 Uhr nicht beschäftigt werden. Ausnahmen gibt es für Mehrschichtbetriebe, Kraftfahrer und Berufe wie Not- und Rettungsdienste oder Krankenhäuser.

Das **Bundesurlaubsgesetz** regelt, dass jedem Arbeitnehmer in Deutschland mindestens 24 Werktage Urlaub zustehen, wobei Werktage alle Kalendertage sind, die nicht Sonn- oder gesetzliche Feiertage sind. Der volle Urlaubsanspruch wird erstmalig nach sechsmonatigem Bestehen des Arbeitsverhältnisses erworben.

Beispiel

Gilt für einen Arbeitnehmer weder der Tarifvertrag noch ist im Arbeitsvertrag die Urlaubsdauer geregelt, dann hat er Anspruch auf 24 Werktage Urlaub, das heißt vier Wochen pro Jahr.

11.2 Mutterschutzgesetz

Das **Mutterschutzgesetz**:

- Sechs Wochen vor und acht Wochen nach der Geburt gilt ein besonderer Schutz: Vor der Geburt *darf* die Schwangere arbeiten, kann von ihrem Betrieb dazu aber nicht verpflichtet werden. Danach ist es ihr für die ersten acht Wochen nach der Geburt untersagt. Für die gesamte Zeit (14 Wochen) erhält sie den vollen letzten Nettolohn von der Krankenkasse (**Mutterschaftsgeld**).
- Der Kündigungsschutz besteht während der Schwangerschaft und bis vier Monate danach, auch in der Probezeit.
- Schwere körperliche Arbeiten, Schichtarbeit und Akkordarbeiten während der Schwangerschaft sind verboten.

▸ *Die Begriffe Elterngeld und Elternzeit werden in Prüfgebiet II unter staatlichen Transferleistungen erklärt, siehe S. 52ff.*

12 Beendigung des Arbeitsverhältnisses: Kündigungsregelungen

Die **Kündigung** ist eine **einseitige**, **empfangsbedürftige Willenserklärung** mit dem Ziel, das Arbeitsverhältnis zu beenden. Die Kündigung kann vom Arbeitgeber oder Arbeitnehmer ausgehen, der Vertragspartner muss mit der Kündigung nicht einverstanden sein und er muss ihr damit auch nicht zustimmen.

Die Beendigung des Arbeitsverhältnisses durch **Kündigung** muss **schriftlich** erfolgen, um wirksam zu sein. Für den Zugang der schriftlichen Kündigung durch den Arbeitgeber gibt es mehrere Möglichkeiten:

1. Die Kündigung wird dem Mitarbeiter im Betrieb **ausgehändigt** und er bestätigt diesen Empfang durch Unterschrift.
2. Ein **Bote**, der den Inhalt kennt, händigt das Kündigungsschreiben aus. Auch hier ist eine schriftliche Bestätigung des Empfangs anzustreben.
3. Die Kündigung erfolgt durch einen **Brief**. Dabei müssen entweder **Zeugen** den Einwurf belegen oder der Arbeitnehmer quittiert den Empfang.
4. Die Kündigung erfolgt per **Einschreiben**. In diesem Fall gilt die Kündigung als zugegangen, wenn der Arbeitnehmer oder ein Angehöriger den Empfang quittiert. Die Post übermittelt dem Absender einige Tage nach Aushändigung des Einschreibens einen **Kontrollschein.** Darauf ist vermerkt, wann der Arbeitnehmer die Kündigung erhalten hat (= Beleg vor Arbeitsgericht).

12.1 Kündigungsarten

1. **Ordentliche (fristgerechte) Kündigung**: Nach einer vertraglichen, tariflichen oder gesetzlichen Frist endet das Arbeitsverhältnis. Die **gesetzliche Kündigungsfrist** beträgt für Angestellte wie für Arbeiter **vier Wochen zum Fünfzehnten** oder **zum Ende eines Kalendermonats** (= Grundkündigungsfrist).

   Beispiel Kündigung zum 30. September, Mitteilung muss spätestens am 2. September erfolgen. Für Arbeitgeber gelten ab zweijähriger Beschäftigung längere Kündigungsfristen.

2. **Außerordentliche (fristlose) Kündigung**: Ein Arbeitsverhältnis wird in der Regel mit sofortiger Wirkung beendet. Diese fristlose Kündigung ist bei schwerwiegenden personen- oder verhaltensbedingten Gründen zulässig, z. B. ein Mitarbeiter beginnt eine Schlägerei oder begeht Diebstahl von Firmeneigentum. Ein schwerwiegender Grund macht es dem Arbeitgeber unmöglich, das Arbeitsverhältnis bis Ablauf der Kündigungsfrist fortzusetzen.

   Eine **fristlose Kündigung** muss innerhalb von zwei Wochen ab dem Tag erfolgen, an dem der Arbeitgeber Kenntnis von dem Sachverhalt erhielt, der für die Kündigung maßgeblich ist. Dies gilt auch bei einer Kündigung durch den Arbeitnehmer. Auf Verlangen des Gekündigten muss der Kündigungsgrund unverzüglich schriftlich mitgeteilt werden (§ 626, Abs. 2 BGB). Sollte eine fristlose Kündigung **nicht zu begründen** sein, wird **automatisch die ordentliche Kündigung** wirksam.

12.2 Grundsatz im Arbeitsrecht: Versetzung vor Kündigung

Der Gesetzgeber verlangt von jedem Arbeitgeber, dass er vor der Kündigung alle anderen arbeitsrechtlichen Mittel, wie **Versetzungen** in eine andere Abteilung oder **Änderungskündigungen** (d. h., dem Arbeitnehmer wird im Betrieb eine andere Arbeitsstelle mit niedrigeren Bezügen angeboten – lehnt er ab, gilt die Kündigung), ausschöpft.

Wenn langjährige Beschäftigte wegen Krankheit nur noch eingeschränkt arbeiten können, darf der Arbeitgeber nur in ganz seltenen Ausnahmefällen eine ordentliche Kündigung aussprechen. In der Regel muss er die Mitarbeiter weiterbeschäftigen und ihnen Arbeiten zuweisen, die sie bewältigen können.

Beispiel Mit einem Urteil des Bundesarbeitsgerichts bekam eine Arbeiterin Recht, die nach 21 Jahren Tätigkeit und drei Leistenbrüchen nur noch bis 10 kg Lasten heben durfte, vorher waren es Lasten bis 30 kg. Die Kündigung aus personenbedingten Gründen war damit nicht wirksam.

12.3 Kündigungsfristen des Arbeitgebers

Für alle **Arbeitgeber** gilt eine gesetzliche Mindestkündigungsfrist von vier Wochen und zwar zum 15. oder zum Ende eines Monats.

Beispiel Wird einem Arbeitnehmer am 15. April gekündigt, kann das Ausscheiden zum 15. Mai verlangt werden, wenn der Arbeitnehmer **weniger als zwei Jahre** in diesem Betrieb beschäftigt war.

Beträgt die Beschäftigungsdauer **mehr als zwei Jahre**, so gelten für den **Arbeitgeber** folgende **gesetzliche Kündigungsfristen** zum **Monatsende**:

Beschäftigungsdauer mindestens	Kündigungsfrist
2 Jahre	1 Monat
5 Jahre	2 Monate
8 Jahre	3 Monate
10 Jahre	4 Monate
12 Jahre	5 Monate
15 Jahre	6 Monate
20 Jahre	7 Monate

Innerhalb der bis sechsmonatigen **Probezeit** kann jederzeit mit einer Frist von zwei Wochen ohne Grund von beiden Vertragsparteien gekündigt werden.

12.4 Kündigungsschutzgesetz

Hat ein Betrieb **mehr als zehn ständig Vollbeschäftigte** (Teilzeitbeschäftigte werden entsprechend der Stundenzahl angerechnet) und sind diese **mindestens sechs Monate** dort tätig, dann gilt das **Kündigungsschutzgesetz** und sieht folgende drei Kategorien von zulässigen **Kündigungsgründen** vor:

1. **personenbedingte Gründe**, z. B. fehlende körperliche oder geistige Eignung für diese Stelle. Auch Krankheit kann dazu gehören, allerdings gelten dafür strenge Bedingungen.
2. **verhaltensbedingte Gründe**, z. B. Tätlichkeiten, Diebstahl, Störung des Betriebsfriedens, schlechte Arbeitserfüllung, alkoholbedingtes Fehlverhalten, Nichtbeachtung von Sicherheitsvorschriften; diese Gründe verlangen eine vorherige **schriftliche Abmahnung**, die aber erfolglos geblieben sein muss.
3. **betriebsbedingte Gründe**, z. B. schlechte Auftragslage, Rationalisierungsmaßnahmen.

Neben den genannten Kategorien von Kündigungsgründen muss die **betriebsbedingte Kündigung sozial gerechtfertigt** sein, d. h.,

- soziale Gründe müssen berücksichtigt werden, das sind Dauer der Betriebszugehörigkeit, Lebensalter, Unterhaltspflichten und eventuell Schwerbehinderung.
- **Ausnahme**: Ist ein Arbeitnehmer für den Betrieb besonders wichtig, kann dieses Merkmal die Sozialauswahl aufheben (§ 1 Absatz 3, Satz 2 KSchG).

Kündigung und Betriebsrat

Gibt es im Betrieb einen **Betriebsrat**, so ist dieser nach dem Betriebsverfassungsgesetz vor jeder Kündigung anzuhören. Dabei hat der Betriebsrat **eine Woche** Zeit bei **ordentlicher Kündigung** und **drei Tage** bei **außerordentlicher Kündigung**, um dem Arbeitgeber zu widersprechen. Dies gilt laut dem Betriebsverfassungsgesetz für Betriebe mit mehr als 20 Beschäftigten.

Widerspricht der Betriebsrat, kann die Kündigung bestehen bleiben. Dem Gekündigten ist allerdings mitzuteilen, dass der Betriebsrat der Kündigung nicht zugestimmt hat. Der Arbeitnehmer hat dann das Recht auf Weiterbeschäftigung bis zum Arbeitsgerichtstermin.

13 Arbeitsgerichte

Ein **Arbeitsgericht** ist zuständig für Auseinandersetzungen zwischen

- Arbeitgeber und Arbeitnehmer aus dem Arbeitsvertrag,
- Ausbildenden und Auszubildenden aus dem Ausbildungsvertrag,
- Arbeitgeber und Betriebsrat aus der Betriebsvereinbarung,
- Arbeitgeberverband und Gewerkschaft aus dem Tarifvertrag.

Eine **Klage** vor dem Arbeitsgericht kann

- mündlich im Sekretariat des Gerichts vorgetragen und dort notiert werden,
- schriftlich vom Kläger eingereicht werden oder
- von einem Rechtsanwalt schriftlich eingereicht werden.

Örtlich zuständig ist das Arbeitsgericht, indem der Beklagte seinen Geschäfts- oder Wohnsitz hat. Für jeden Streitfall ist das **Arbeitsgericht** zuständig, das aus einem Berufsrichter und je einem Arbeitnehmer- und Arbeitgebervertreter besteht. Man benötigt in dieser ersten Instanz keinen Anwalt.

Vor der eigentlichen Gerichtsverhandlung wird eine **Güteverhandlung** angesetzt, wobei der Vorsitzende des Arbeitsgerichts eine gütliche Einigung zwischen den Prozessparteien versucht, um die Prozessdauer zu verkürzen und die Prozesskosten zu verringern.

Wird der Prozess verloren, kann der Beklagte **Berufung** beim **Landesarbeitsgericht** einlegen. Der Streitwert muss dafür höher als 600,00 € sein und es wird ein Anwalt benötigt.

Berufung heißt, es gibt eine neue Verhandlung mit neuen Beweismitteln und einem neuen Urteil.

Das **Bundesarbeitsgericht** (drei Berufsrichter) kann nur angerufen werden (= **Revision**), wenn das vorher urteilende Gericht dies ausdrücklich zulässt.
Ein Verfahren vor dem Arbeitsgericht ist **gebührenfrei**, wenn der Rechtsstreit durch einen **Vergleich** beendet wird. Ansonsten zahlt der Verlierer.

14 Möglichkeiten und Grenzen betrieblicher Mitbestimmung

14.1 Arbeitgeber- und Arbeitnehmerorganisationen: Handwerk, Industrie, Gewerkschaften, Arbeitgeberverbände

Die Organisation des Handwerks

Aus volkswirtschaftlicher Sicht ist das Handwerk nach der Industrie der zweitstärkste Wirtschaftsbereich in Deutschland und mit ca. 5,5 Millionen Beschäftigten ein wichtiger Faktor im deutschen Arbeitsmarkt. Im Handwerk werden in ca. 1 Million Betrieben mehr als die Hälfte aller gewerblichen Auszubildenden ausgebildet.

Aufgabenschwerpunkte der **Betriebe**:

- Neuanfertigung von Produktions- und Konsumgütern (z. B. Bau- und Ausbauhandwerke sowie Bekleidungs- und Nahrungsmittelhandwerke);
- Bereitstellung von personenbezogenen Dienstleistungen, z. B. durch die Handwerksgewerbe für Gesundheits- und Körperpflege (z. B. Optiker, Zahntechniker oder Friseure);
- Bereitstellung sachbezogener Dienstleistungen, z. B. durch die Reparatur und Instandhaltung handwerklich oder industriell gefertigter Produkte (z. B. Kfz-Mechatroniker oder Informationselektroniker).

Auch in der heutigen von Großserien- und Massenproduktion geprägten Zeit schaffen Handwerker **individuelle Qualitätsarbeiten**. Durch die Herstellung solcher Handwerksarbeiten, die sich in Formgebung und Gestaltung vom industriellen Massenartikel abheben, trägt das Handwerk auch noch heute zur Weiterentwicklung der kulturellen Identität der Gesellschaft bei.

Die **gegenwärtigen und zukünftigen Probleme** des deutschen Handwerks sind insbesondere volkswirtschaftlicher und betriebswirtschaftlicher Art.

1. **Volkswirtschaftliche Probleme**
   - Veränderung der Absatzmärkte
   - steigende Schwarzarbeit
   - Sättigung des Marktes bei Gütern des täglichen Bedarfs
   - EU-Binnenmarkt und freier Marktzutritt für EU-Ausländer
   - Konkurrenz durch Baumärkte und steigende Heimwerkertätigkeit

2. **Betriebswirtschaftliche Probleme**
   - hohe Lohnnebenkosten durch hohe Sozialabgaben des Arbeitgebers
   - häufig eine zu geringe Eigenkapitaldecke und niedrige Erträge
   - schneller technologischer Wandel, der zu schnellen Anpassungen der Fertigung und der Produkte zwingt
   - Nachwuchs- und Fachkräftemangel, da qualifizierte Auszubildende nur selten für das Handwerk gewonnen werden können

Das **Handwerk** gliedert sich in eine regionale und eine fachliche Struktur.
Zur regionalen Organisation gehören die Kreishandwerkerschaften und die Handwerkskammern. Die Spitzeneinrichtung auf Bundesebene ist der Deutsche Handwerkskammertag als Zusammenschluss der regionalen Handwerkskammern.
Zur fachlichen Seite der Handwerksorganisation gehören die Innungen, die Landesinnungsverbände und die Bundesinnungsverbände der verschiedenen Handwerke.

Eine **Innung** ist der **freiwillige Zusammenschluss** von selbstständigen Handwerkern des gleichen Handwerks zur Förderung ihrer gemeinsamen gewerblichen Interessen innerhalb eines bestimmten Bezirks.
Für jedes Handwerk kann in einem Bezirk nur eine Innung gebildet werden. Die **Innungen** haben die Rechtsform der **Körperschaft des öffentlichen Rechts** und können in dieser Eigenschaft hoheitliche Aufgaben (z. B. Abnahme der Gesellenprüfung) wahrnehmen.

Die **Organe der Handwerksinnung**:
- Die Innungsversammlung ist das oberste Organ der Innung und wird von den Innungsmitgliedern gebildet.
- Der Innungsvorstand wird aus dem Obermeister, seinem Stellvertreter und den durch die Satzung vorgeschriebenen weiteren Mitgliedern (z. B. Kassenwart und Schriftführer) gebildet. Der Vorstand führt die Beschlüsse der Innungsversammlung aus und vertritt die Innung auch vor Gericht.
- Die Innung bildet zur Wahrnehmung einzelner Aufgaben Ausschüsse wie z. B. den Gesellenausschuss, den Lehrlingsausschuss oder den Gesellenprüfungsausschuss.

Der **Landesinnungsverband** ist der Zusammenschluss von Innungen des gleichen und nahe stehenden Handwerks auf der Ebene eines **Bundeslandes**. Er hat die Aufgabe, die Interessen der Mitgliedsinnungen des jeweiligen Handwerkszweigs auf Landesebene wahrzunehmen, z. B. durch den **Abschluss von Tarifverträgen**. Der **Bundesinnungsverband** ist der Zusammenschluss von Landesinnungsverbänden bzw. Landesfachverbänden des gleichen Handwerks.

Die **Kreishandwerkerschaften** sind der Zusammenschluss sämtlicher Handwerksinnungen eines Landkreises oder einer kreisfreien Stadt. Die Kreishandwerkerschaft ist eine **Körperschaft des öffentlichen Rechts**, die unter der Rechtsaufsicht der Handwerkskammer steht. Die wichtigste Aufgabe sind die Vertretung der handwerksähnlichen Gewerbe in ihrem Bezirk sowie die Fortbildung und Beratung ihrer Mitglieder.

Die **Handwerkskammer** ist die gesetzlich vorgeschriebene Einrichtung zur Interessenvertretung und Selbstverwaltung des Handwerks in einem bestimmten Bezirk (oft dem Regierungsbezirk entsprechend). Die Handwerkskammern sind als **Körperschaften des öffentlichen Rechts** die maßgeblichen Einrichtungen der handwerklichen Selbstverwaltung. Sie unterstehen der Aufsicht durch das jeweilige Landeswirtschaftsministerium, das auch ihre Satzung erlässt.
Der Handwerkskammer gehören die selbstständigen Handwerker des Kammerbezirks, die Inhaber handwerksähnlicher Betriebe sowie die Gesellen und Lehrlinge dieser Gewerbetreibenden als **Pflichtmitglieder** an.

Kennzeichnend für die **Handwerkskammern** ist ihre Mittelstellung zwischen der **gewerblichen Wirtschaft** und dem **Staat**. Aufgaben sind insbesondere:

- Führung der Handwerksrolle und Ausstellung der Handwerkskarte
- Erlass von Meisterprüfungsordnungen für die einzelnen Handwerke
- Regelung und Überwachung der Berufsausbildung mit Führung der Lehrlingsrolle
- Durchführung von Fortbildungs- und Umschulungsprüfungen
- Bestellung und Vereidigung von Sachverständigen
- Betriebswirtschaftliche, rechtliche und organisatorische Beratung von Handwerksbetrieben

Die Industrie- und Handelskammern

Die Industrie- und Handelskammern (IHK) sind die gesetzlich bestimmten Interessenvertretungsorgane der Unternehmen aus den Bereichen Industrie, Handel und Verkehr. Alle im Kammerbezirk tätigen Gewerbetreibenden außer den selbstständigen Handwerkern gehören der Industrie- und Handelskammer als **Pflichtmitglied** an.

Die Industrie- und Handelskammern sind **Körperschaften des öffentlichen Rechts** und werden durch die Wirtschaftsministerien der Bundesländer beaufsichtigt. Ihre Aufgaben sind im Wesentlichen:

- Interessenvertretung und Förderung der ihnen angehörenden Betriebe aus der gewerblichen Wirtschaft.
- Beratung und Unterstützung von Behörden durch Berichte, Vorschläge und Gutachten.
- Förderung und Durchführung der kaufmännischen und gewerblichen Berufsausbildung einschließlich der Prüfungen.

Gewerkschaften sind **freiwillige, privatrechtliche Vereinigungen** zur Wahrung und Durchsetzung der wirtschaftlichen und sozialen Interessen von Arbeitnehmern. Im Rahmen der durch das Grundgesetz garantierten **Tarifautonomie** haben die Gewerkschaften zusammen mit den Arbeitgeberverbänden das Recht, die Arbeitsbedingungen (z. B. Lohnhöhe, Arbeitszeit oder Urlaub) selbstständig und ohne staatlichen Eingriff festzulegen. Einzelne Aufgaben der Gewerkschaften sind z. B. die Verbesserung der Arbeitsbedingungen, die Sicherung von Arbeitsplätzen, die Vertretung von Arbeitnehmern vor Arbeitsgerichten, das Führen von Tarifverhandlungen und der Abschluss von Tarifverträgen.

Arbeitgeberverbände sind freiwillige, privatrechtliche Zusammenschlüsse von selbstständigen Unternehmern. Beispiel: der Metallarbeitgeberverband Hessen.

- Sie haben die Aufgabe, die sozialpolitischen und arbeitsrechtlichen Interessen der ihnen angeschlossenen Mitglieder gegenüber dem Staat, der Gesellschaft und den Gewerkschaften zu vertreten.
- Sie führen **Tarifverhandlungen** mit den Gewerkschaften, schließen Tarifverträge ab und beraten angeschlossene Unternehmer in arbeits- und sozialrechtlichen Fragen.
- Die Arbeitgeberverbände sind fachlich und regional gegliedert. Die Spitzenorganisation ist die **B**undesvereinigung der **D**eutschen **A**rbeitgeberverbände (BDA).

14.2 Der Betriebsrat und das Betriebsverfassungsgesetz

Das **Betriebsverfassungsgesetz** soll die Beziehung zwischen **Geschäftsleitung** (Arbeitgeber) und **Betriebsrat**, der Interessenvertretung der Beschäftigten des Betriebes, regeln. Es geht insbesondere um Mitwirkung und Mitbestimmung des Betriebsrates. Die vertraglichen Absprachen werden in **Betriebsvereinbarungen** festgehalten und sind für alle im Betrieb Beschäftigten verbindlich.

Der **Betriebsrat** wird auf Verlangen der Arbeitnehmer gewählt, wobei

- in dem Betrieb mindestens fünf Arbeitnehmer ständig beschäftigt sein müssen. Diese müssen über 18 Jahre alt sein, Teilzeitkräfte werden anteilig gerechnet. Davon müssen drei wählbar sein, d. h., sie müssen dem Betrieb mindestens sechs Monate angehören.
- Die Zusammensetzung nach Frauen und Männern muss der Belegschaft entsprechen.
- Bei Betrieben mit weniger als 20 Beschäftigten besteht der Betriebsrat nur aus einer Person, dem **Betriebsobmann**. Bei Unternehmen mit bis zu 50 Mitarbeitern sind es drei Mitglieder, bei Großkonzernen bis zu 50 Mitglieder.
- Die **Amtszeit** beträgt vier Jahre.

Der Betriebsrat hat ein **Mitbestimmungsrecht**

- in **sozialen** Angelegenheiten: Entlohnungsfragen und -grundsätze, Betriebsordnung, Beginn/Ende der Arbeitszeit, Urlaubsgrundsätze;
- bei der Einführung von Apparaturen zur Kontrolle der Arbeitnehmer;
- in **personellen** Angelegenheiten: Einstellungen, Umsetzungen, Kündigungen.

Die Mitbestimmung bei personellen Angelegenheiten gilt in Betrieben mit mehr als 20 wahlberechtigten Arbeitnehmern. **Mitbestimmung** bedeutet, dass Entscheidungen des Arbeitgebers grundsätzlich erst mit Zustimmung des Betriebsrates wirksam werden.

Bei Konflikten zwischen Arbeitgeber und Betriebsrat entscheidet die **Einigungsstelle** im Betrieb. Diese besteht aus einer gleichen Anzahl von Arbeitgebervertretern und Betriebsratsmitgliedern und dem neutralen Vorsitzenden, auf den sich beide Parteien einigen müssen. Gibt es keine Lösung, ersetzt das **Arbeitsgericht** die Zustimmung.

Das **Mitwirkungsrecht** gilt für **wirtschaftliche Angelegenheiten**, z. B. Betriebsstilllegung, -erweiterung, Rationalisierungsvorhaben. **Mitwirkung** bedeutet, dass der Betriebsrat die Entscheidungen nicht verhindern kann, er wird nur über diese Maßnahmen unterrichtet.

Der Betriebsrat soll einmal im Quartal alle Arbeitnehmer des Betriebes (= **Betriebsversammlung**) einladen und einen Tätigkeitsbericht erstatten.

Der **einzelne Arbeitnehmer** hat ein Anhörungs- und Erörterungsrecht über betriebliche Angelegenheiten, die seine Person betreffen, und er kann Einsicht in seine Personalakte nehmen. Hierbei kann er ein Mitglied des Betriebsrates hinzuziehen. Außerdem hat er ein Beschwerderecht.

14.3 Jugend- und Auszubildendenvertretung

Arbeiten mindestens fünf jugendliche Arbeitnehmer oder Auszubildende, die noch nicht 25 Jahre alt sind, in einem Betrieb, sollen diese eine **Jugend- oder Auszubildendenvertretung** wählen. Gewählt werden können alle Arbeitnehmer, die noch nicht 25 Jahre alt sind. Die Amtszeit beträgt zwei Jahre.

Alle Fragen/Wünsche von den jugendlichen Arbeitnehmern sind an den Betriebsrat, nicht an den Arbeitgeber direkt zu richten (§ 61 BetrVG).

14.4 Tarifrecht und Tarifverträge

Die **Tarifvertragsparteien** (**Tarifpartner**, **Sozialpartner**) sind auf **Arbeitnehmerseite** die **Gewerkschaften**, auf **Arbeitgeberseite** die **Arbeitgeberverbände** oder einzelne Arbeitgeber (§ 2 Tarifvertragsgesetz).

Die Gewerkschaften sind organisiert im **Deutschen Gewerkschaftsbund** (**DGB**), der als Spitzenverband sechs selbstständige **(Einzel-)Gewerkschaften** umfasst, beispielsweise die Industriegewerkschaft (= IG) Metall, ver.di (Vereinte Dienstleistungsgewerkschaft). Diese sind jeweils Tarifpartner. Der DGB hat ca. 6 Millionen Mitglieder (Stand: 2017).

Im **Handwerk** sind nur sehr wenige Arbeitnehmer in einer Gewerkschaft organisiert; in der **Industrie** ca. 50 % der Beschäftigten. In den großen Industriezweigen haben sich die regionalen Arbeitgeberverbände auf Landesebene zusammengeschlossen, die die Tarifverträge mit den Gewerkschaften schließen.

Beispiel

33 regionale Verbände der metallverarbeitenden Industrie sind im Verband der Metallindustrie Nordrhein-Westfalen organisiert. Dieser Landespitzenverband bildet zusammen mit 19 anderen Landesverbänden den Gesamtverband der metallindustriellen Arbeitgeberverbände („Gesamtmetall“) der Bundesrepublik Deutschland.

Tarifverträge, die zwischen Arbeitgeberverband und Gewerkschaft auf Bezirks-, Landes- oder Bundesebene geschlossen werden, werden als **Verbandstarifverträge** bezeichnet. Schließt ein einzelner Arbeitgeber mit einer Gewerkschaft einen Tarifvertrag, so handelt es sich hierbei um einen **Firmen-, Werks-, Betriebs- bzw. Haustarifvertrag**.

Die Arbeitgebervereinigungen im Handwerk sind die **Innungsverbände**.

Die Tarifparteien schaffen durch schriftliche Verträge Rechtsnormen, die zwingend die einzelnen Arbeitsverhältnisse zwischen den **Mitgliedern der Tarifparteien** regeln. Dadurch wird sichergestellt, dass
- der Tarifvertrag **nicht** durch eine Vereinbarung im Arbeitsvertrag zum Nachteil des Arbeitnehmers verändert werden kann (§ 4 Tarifvertragsgesetz) und
- einzelvertragliche Abmachungen, die für den Arbeitnehmer günstiger als die Tarifnormen sind, weiterhin gelten (**Günstigkeitsprinzip**).

Grundsätzlich gelten die **Tarifnormen** nur für die Mitglieder der Tarifvertragsparteien: Der **Arbeitgeber** muss dem Tarif schließenden Arbeitgeberverband, der **Arbeitnehmer** der Tarif schließenden Gewerkschaft angehören.

In Ausnahmefällen werden durch eine sogenannte **Allgemeinverbindlichkeitserklärung** des Bundesministeriums für Arbeit und Soziales auch bis dahin tarifungebundene Arbeitgeber und Arbeitnehmer in die Gültigkeit eines Tarifvertrags einbezogen. Da hierzu ein Ausschuss, bestehend aus je drei Mitgliedern von Gewerkschaften und Arbeitgeberverbänden, einen Antrag beim Minister stellen muss, was sehr selten geschieht, sind in Deutschland nur ca. 800 Tarifverträge (von ca. 15000) für allgemeinverbindlich erklärt worden.

Tarifautonomie bedeutet, dass der Tarifvertrag durch freie Vereinbarung zwischen den unabhängigen Tarifparteien zustande kommt, ohne dass eine staatliche Stelle mitwirkt oder sich einmischt.

Bei den Tarifverträgen unterscheidet man **Lohn**- bzw. **Gehaltstarifverträge** (Entgeltverträge) und **Manteltarifverträge** (Rahmenverträge). Während im Lohn- bzw. Gehaltstarifvertrag die Höhe des Entgeltes festgelegt wird, enthält der Manteltarifvertrag Bestimmungen z. B. über die Beschreibung von Tätigkeitsmerkmalen der einzelnen Lohngruppen, über Länge der Wochenarbeitszeit, des Urlaubs, der Freistellung von der Arbeit.

14.5 Streik und Aussperrung

Der **Streik** ist das legale Arbeitskampfmittel der Gewerkschaft zur Durchsetzung arbeitsrechtlicher Forderungen. Dabei wird nur die Arbeitskampfmaßnahme als Streik anerkannt, die

- von der Gewerkschaft organisiert und geleitet wird,
- planmäßig einen Teil der Betriebe erfasst (Teilstreik, Schwerpunktstreik) oder
- bei Verhandlungsstillstand durch mehrstündige Unterbrechung der Arbeit die Arbeitgeber zum Nachgeben auffordern soll (**Warnstreiks**).

Rechtlich „ruht" das **Arbeitsverhältnis**, d. h., die Rechte und Pflichten beider Parteien gelten dann nicht und es darf während des Streiks auch nicht gekündigt werden. **Wilde Streiks** (nicht von der Gewerkschaft organisierte Arbeitsniederlegungen) sind verboten und führen zu fristlosen Kündigungen aufgrund von Arbeitsverweigerung.

Bei der **Aussperrung**, die erst nach Streikbeginn erfolgen darf, werden die Arbeitnehmer durch den Arbeitgeber planmäßig von der Arbeit ausgeschlossen *(„Der Betrieb wird von innen geschlossen")*. Das Arbeitsverhältnis ruht während dieser Zeit, d. h., die Rechte und Pflichten gelten nicht, allerdings darf hierbei auch nicht gekündigt werden. Nach Ende der Auseinandersetzung wird das Arbeitsverhältnis fortgesetzt.
Rechtlich zulässig ist nur die Aussperrung, die als Reaktion auf einen ausgebrochenen Streik erfolgt oder bei Gefahr eines Streiks (= **Abwehraussperrung**) beginnt. Eine **Angriffsaussperrung** zur Verhinderung eines Streiks ist in Deutschland nicht zulässig.

Finden die Tarifparteien keine Verhandlungslösung, wird in der Regel ein **unparteiischer Schlichter** bemüht, um einen Kompromiss zu finden. Dieser Schlichter wird von beiden Seiten akzeptiert und ist häufig eine Person des öffentlichen Lebens, z. B. ein ehemaliger Minister. Der Spruch des Schlichters ist für die Tarifparteien allerdings nicht bindend.

Die **Urabstimmung** ist die Befragung (mit Abstimmung) aller organisierten Mitglieder der Gewerkschaft,

- um einen Streik durchführen zu können: **75 %** der Mitglieder müssen laut Satzung der meisten Gewerkschaften zustimmen.
- um den Streik zu beenden und den Kompromiss, der dann gefunden worden ist, zu billigen: **25 %** der Mitglieder müssen zustimmen.

Friedenspflicht heißt, dass während der vereinbarten Laufzeit des Tarifvertrages die Tarifpartner weder aussperren noch streiken dürfen.

15 Mobilität und Flexibilität des Einzelnen

Regelmäßige Befragungen von Betrieben nach den Qualifikationen von Auszubildenden und Arbeitnehmern ergeben folgende am meisten gewünschte **Schlüsselqualifikationen**:

1. **Leistungsbereitschaft** („ich werde es schaffen") und **Zuverlässigkeit** („Auf mich kann sich der Chef verlassen") sind am wichtigsten.

2. **Verantwortungsbewusstsein**, **Konzentrationsfähigkeit**, **Teamfähigkeit** („Wir als Team sind stärker als der Einzelne") mit **Eigeninitiative** folgen.
3. **Selbstständiges Lernen**, **Zielstrebigkeit** und **Kommunikationsfähigkeit** („Ich kann gut sprechen und auch gut zuhören") sind weitere wesentliche Schlüsselqualifikationen.

Neben dem **schulischen Basiswissen** und einer **soliden Allgemeinbildung** sind diese Qualifikationen wichtig, um den steigenden **beruflichen Anforderungen** gerecht zu werden und die bei verschärftem Wettbewerb immer mehr in den Mittelpunkt rückenden **Kunden** zu gewinnen und zu halten. Hat der Arbeitnehmer das notwendige **Fachwissen** und verfügt er über die wesentlichen **Schlüsselqualifikationen**, hat er den Schlüssel für erfolgreiches Handeln in Beruf und Alltag. Er besitzt damit die notwendige **Handlungskompetenz**.

16 Leben, Lernen und Arbeiten in Europa

Der Europäische Wirtschaftsraum (EWR) mit ca. 520 Millionen Bürgern ist einer der größten **Arbeitsmärkte** der Welt. Ihm gehören die 28 Mitgliedstaaten der Europäischen Union (EU) und zusätzlich Liechtenstein, Norwegen und Island an.

Immer mehr Bürger entscheiden sich aus verschiedenen Gründen, schulische oder berufliche Erfahrungen im Ausland zu sammeln oder dort längerfristig zu arbeiten.

Die Europäische Union

	Beitrittsjahr	Einwohner 2014[1] in Mio.	BIP[2] 2013 pro Kopf in Tausend Euro
Belgien	★1958	11,2 Mio.	30,5 Tsd. €
Deutschland	★1958	80,8	32,0
Frankreich	★1958	65,9	27,8
Italien	★1958	60,8	25,2
Luxemburg	★1958	0,5	67,9
Niederlande	★1958	16,8	32,6
Dänemark	★1973	5,6	32,1
Großbritannien	★1973	64,3	27,2
Irland	★1973	4,6	32,5
Griechenland	★1981	11,0	19,5[3]
Portugal	★1986	10,4	19,4
Spanien	★1986	46,5	24,5
Finnland	★1995	5,5	28,7
Österreich	★1995	8,5	33,2
Schweden	★1995	9,6	32,7
Estland	★2004	1,3	18,8
Lettland	★2004	2,0	17,3
Litauen	★2004	2,9	19,1
Malta	★2004	0,4	22,7
Polen	★2004	38,5	17,5
Slowakei	★2004	5,4	19,6
Slowenien	★2004	2,1	21,3
Tschechien	★2004	10,5	20,6
Ungarn	★2004	9,9	17,2
Zypern	★2004	0,9	22,1
Bulgarien	★2007	7,2	12,0
Rumänien	★2007	19,9	13,9
Kroatien	★2013	4,2	15,6

10127 © Globus [1]zum Teil vorläufig, [2]kaufkraftbereinigt, [3]2012 Quelle: Eurostat

Ein **Auslandsaufenthalt** kann auch während der Berufsausbildung durchgeführt werden, wenn dies dem Ausbildungsziel dient *(§ 2.3 BBiG)*.

Finanzielle Mittel für diese Maßnahmen werden über spezielle Förderprogramme der Bundesregierung und der EU bereitgestellt. Das bedeutendste **Förderprogramm** der **EU** heißt **Leonardo da Vinci**. Es soll den Austausch von Auszubildenden und Berufsschülern dieser Länder finanziell unterstützen.

▸ *Infos dazu im* **Internetprojekt** *„www.fit-for-europe.eu“*

16.1 Die Europäische Sozialcharta

Die Europäische Sozialcharta wurde 1961 durch den Europarat ausgearbeitet, um bestimmte **soziale Rechte** in den Mitgliedstaaten zu gewährleisten. Diese Rechte betreffen den Arbeitsmarkt, die berufliche Bildung, die Chancengleichheit und die Arbeitsbedingungen.

Folgende Rechte sehen die Artikel der Sozialcharta in der EU beispielhaft vor:
- Recht auf Arbeit
- Recht auf gerechte, sichere und gesunde Arbeitsbedingungen
- Recht auf gerechtes Arbeitsentgelt
- Recht auf Schutz der Arbeitnehmermeinung
- Recht auf Berufsberatung und berufliche Ausbildung
- Recht auf Vereinigungsfreiheit (Gewerkschaft) und auf Tarifverträge

16.2 Der Europass

Um das Lernen und Arbeiten in Europa zu erleichtern, wurde der **Europass** eingeführt. Er ist eine **Europäische Bewerbungsmappe**, mit der die Bürger der EU ihre persönlichen Fähigkeiten und Qualifikationen dokumentieren können. Die Vergleichbarkeit von Zeugnissen und Diplomen der einzelnen Staaten wird verbessert. Er besteht aus fünf Bausteinen:
- europäischer Lebenslauf
- europäisches Sprachendokument
- Zeugniserläuterungen für den Bereich der beruflichen Bildung
- europäischer Diplomzusatz
- Europass-Mobilitätsnachweis

Erste Adresse für Fragen rund um den Europass ist die nationale Agentur Bildung für Europa beim **Bundesinstitut für Berufsbildung** in Berlin.

▸ *Infos unter www.europass-info.de*

Prüfgebiet II: Nachhaltige Existenzsicherung

1 Versicherungsprinzipien

Drei Prinzipien bilden das System der sozialen Sicherung in Deutschland:
Vorsorge-, Versorgungs- und Fürsorgeprinzip.

Das **Vorsorgeprinzip** beinhaltet, dass Bürger gesetzlich verpflichtet werden, sich gegen die Grundrisiken des Lebens zu versichern. Dies ist der Fall bei den fünf Zweigen der Sozialversicherung, bei denen durch die Arbeitsaufnahme automatisch Versicherungsschutz gegeben ist.

Beim **Versorgungsprinzip** werden Beamte und Arbeitnehmer im öffentlichen Dienst im Krankheitsfall und im Alter durch staatliche Leistungen (Pensionen, Renten) versorgt; auch zählen Opfer von Gewalttaten und Kriegsopfer zu den Empfängern von Versorgungsleistungen des Staates. Die Zahlungen erfolgen aus Steuermitteln.

Das **Fürsorgeprinzip**, auch Sozialstaatsprinzip genannt, abgeleitet aus dem Artikel 20 des Grundgesetzes, definiert Deutschland als demokratischen und **sozialen** Bundesstaat. Es greift dort ein, wo Menschen in Not geraten sind. Insbesondere die Zahlung von Arbeitslosengeld II (Hartz IV) beruht auf dem Fürsorgeprinzip. Aber auch Wohngeldzahlungen an einkommensschwache Mieter sind hier einzuordnen. Die Finanzierung erfolgt überwiegend aus Steuern.

2 Die Sozialversicherung

2.1 Übersicht über das System der Sozialversicherung

Das **Sozialrecht**, zusammengefasst in den **Sozialgesetzbüchern I–XII**, soll das Sozialstaatsprinzip entsprechend dem Grundgesetz (Artikel 20) verwirklichen. Die **gesetzliche Sozialversicherung** besteht aus

- **Krankenversicherung**, eingeführt 1883 durch Reichskanzler Otto von Bismarck; durch die „Kaiserliche Botschaft“ 1881 verkündete der damalige Kaiser Wilhelm I. den Beginn der Sozialversicherung im Deutschen Reich;
- **Unfallversicherung** (seit 1884),
- **Rentenversicherung** der Arbeiter (seit 1889) und der Angestellten (1911),
- **Arbeitslosenversicherung** (seit 1927),
- **Pflegeversicherung** (seit 1995).

Es sind folgende Abgaben vom Bruttogehalt fällig (Stand: 01.01.2019):

Krankenversicherung	14,6 % (7,3 % Arbeitnehmer, 7,3 % Arbeitgeber), plus kassenabhängiger Zusatzbeitrag von 1 %, der von AN und AG jeweils zur Hälfte zu tragen ist
Rentenversicherung	18,6 % (AN 9,3 %, AG 9,3 %)
Arbeitslosenversicherung	2,5 % (AN 1,25 %, AG 1,25 %)
Pflegeversicherung	3,05 % (AN 1,525 %, AG 1,525 %), kinderlose AN ab 24 Jahren zahlen zusätzlich 0,25 %
Unfallversicherung	Die Höhe ist abhängig von dem Grad der Unfallgefahr in der Branche und der Lohnsumme der Beschäftigten im jeweiligen Unternehmen. Insgesamt etwa 1%–2 % der Jahreslohnsumme.

Die Mittel der Kranken-, Renten-, Arbeitslosen- und Pflegeversicherung sind vom Arbeitnehmer und Arbeitgeber aufzubringen, der **Arbeitgeber** trägt den Beitrag zur gesetzlichen **Unfallversicherung** allein.

Den Beitragsanteil des Arbeitnehmers führt der Arbeitgeber zusammen mit seinem Anteil als **Gesamtsozialversicherungsbeitrag** an die **jeweilige Krankenkasse** des Arbeitnehmers ab. Der Beitrag zur Unfallversicherung geht vom Arbeitgeber an die zuständige **Berufsgenossenschaft**.

Seit 2015 gilt für **450-Euro-Jobs** (Minijobs):

- Das Arbeitsentgelt darf 450,00 € nicht überschreiten, es besteht keine Stundenbegrenzung; als **Nebenbeschäftigung** neben Haupterwerb möglich; die Abgabe einer Lohnsteuerkarte ist nicht nötig.
- **Eine** neben der Hauptbeschäftigung ausgeübte geringfügig entlohnte Beschäftigung ist für den Arbeitnehmer **sozialversicherungsfrei** nur eine Abgabe zur Rentenversicherung ist Pflicht, aber abwählbar.
- Für diese geringfügig entlohnte Beschäftigungen trägt der **Arbeitgeber** 30 % Pauschalbetrag, davon Krankenversicherung 13 %, Rentenversicherung 15 %, Pauschalsteuer 2 %, die er an die **Einzugsstelle** der Bundesknappschaft in Cottbus zu überweisen hat.
- Bei mehr als 450,00 € Verdienst, z. B. bei mehreren Minijobs, ist der gesamte Verdienst anteilig **sozialversicherungspflichtig**. Ab 850,00 € gelten die vollen Sozialversicherungsabgaben für den Arbeitnehmer.

Die **Geringverdienergrenze** beträgt für **Auszubildende 325,00 €,** d. h., alle Auszubildenden mit einer Vergütung ab 325,00 € müssen sich den vollen Arbeitnehmer-Anteil abziehen lassen. Die **Höhe der Sozialversicherungsbeiträge** legen folgende Stellen fest:

- Die Renten-, Arbeitslosen-, Pflegeversicherungs- und Krankenversicherungsbeitragssätze legt der **Bundestag** auf Vorschlag der Bundesregierung fest; der Bundesrat muss zustimmen.
- Die Höhe der Unfallversicherungsbeiträge bestimmt die jeweilige **Berufsgenossenschaft** als Träger der Unfallversicherung.

Ab einer bestimmten Höhe des Arbeitsentgeltes steigt der Beitrag nicht weiter an. Diese Einkommensgrenze wird als **Beitragsbemessungsgrenze** bezeichnet. Sie wird jährlich entsprechend der Steigerung der Lohn- und Gehaltssumme neu festgelegt. Sie beträgt 2019 für die **Renten**- und **Arbeitslosenversicherung** 6 700,00 € (West) bzw. 6 150,00 (Ost), für die **Kranken**- und **Pflegeversicherung** 4 537,50 € monatlich. **Sozialversicherungspflichtig** sind in der

- **gesetzlichen Rentenversicherung** jeder Arbeitnehmer und Auszubildende.
- **gesetzlichen Krankenversicherung** Auszubildende, Rentenempfänger, Arbeiter und Angestellte. Arbeiter und Angestellte sind bis zur Höhe der **Versicherungspflichtgrenze** (2019: 5 062,50 € monatlich) pflichtversichert. Danach dürfen sie sich privat versichern.
- **Arbeitslosenversicherung** alle Arbeitnehmer und Auszubildende bis zum 65. Lebensjahr.
- **gesetzlichen Pflegeversicherung** Arbeiter, Angestellte und Auszubildende bis zur Beitragsbemessungsgrenze der Pflegeversicherung. Auch Arbeitslose, Landwirte und Rentner sind pflichtversichert.
- **gesetzlichen Unfallversicherung** alle Arbeitnehmer und Auszubildenden. Träger sind die Berufsgenossenschaften (BG).

Die **Träger** (Einrichtungen) der **Sozialversicherung**:

- **Rentenversicherung**: **Deutsche Rentenversicherung Bund**, die 16 Zweigstellen für die Arbeitnehmer in den Bundesländern hat (Deutsche Rentenversicherung Land).
- **Krankenversicherung**: Allgemeinen Ortskrankenkassen, die Betriebs-, die Ersatz- und die Innungskrankenkassen.
- Diese Kassen sind auch Träger der **Pflegeversicherung** = Pflegekassen.
- **Arbeitslosenversicherung:** Bundesagentur für Arbeit in Nürnberg mit den Agenturen für Arbeit in den Bundesländern.

Der Arbeitnehmer erhält bei Aufnahme der ersten Beschäftigung einen **Sozialversicherungsausweis** von der Deutschen Rentenversicherung. Dieser enthält unter anderem die Versicherungsnummer des Beschäftigten. Er ist dem Arbeitgeber unverzüglich bei Beginn jeder Beschäftigung auszuhändigen. Der Arbeitnehmer erhält von den abgeführten Beiträgen des Arbeitgebers eine Bescheinigung. Dies ist der Beitragsnachweis.

2.2 Die Kranken- und Unfallversicherung

Die **Krankenversicherung** kommt auf für Vorsorgemaßnahmen, z. B. Zahnuntersuchungen für Kinder, Krebsfrüherkennung; für die Krankenbehandlung, dazu gehören ärztliche und zahnärztliche Behandlungen, Krankenhausbehandlungen; für die Versorgung mit Medikamenten, Hilfsmitteln; für häusliche Krankenpflege und Haushaltshilfen; Zahlung von **Krankengeld** für dieselbe Krankheit längstens 78 Wochen, von 70 % bis höchstens 90 % des letzten Nettoentgelts, abhängig von Familienstand, Kinderzahl und Mutterschaftsgeld.

Die **Berufsgenossenschaften (BG)** erlassen **Unfallverhütungsvorschriften** und überwachen diese durch technische Aufsichtsbeamte. Dabei ist der Unternehmer für die genaue Durchführung der Unfallverhütungsvorschriften verantwortlich: in Gebäuden, an Maschinen und Geräten, in Arbeitsstätten. Auch hat der Unternehmer für eine wirksame Erste Hilfe bei Arbeitsunfällen zu sorgen.

Der **Unternehmer** bzw. Handwerksmeister hat folgende **Meldevorschriften** einzuhalten: Die Betriebseröffnung ist der BG innerhalb einer Woche zu melden. Sechs Wochen nach Ende des Kalenderjahres ist die Jahresbruttolohnsumme zu melden.
Der Unternehmer ist verpflichtet, jeden Unfall zu melden. Diese Meldung löst ein Verfahren bei der Berufsgenossenschaft aus, welches alles weitere regelt.

In **Unternehmen mit mehr als 20 Beschäftigten** hat der Unternehmer unter Mitwirkung des Betriebsrates mindestens einen **Sicherheitsbeauftragten** zu bestellen. Dieser hat die Aufgabe, Gesundheitsgefahren, berufsbedingten Krankheiten und Unfällen in Zusammenarbeit mit dem Unternehmer und dem Betriebsarzt vorzubeugen.

In Betrieben **ab fünf Beschäftigten** ist eine **Sicherheitsfachkraft** auszubilden und der Gewerbeaufsicht zu melden.

Die **gesetzliche Unfallversicherung** soll die Folgen eines Unfalls mildern oder beseitigen. Dazu erbringt sie folgende Leistungen:

- **Heilbehandlung** bei Arbeits- oder Wegeunfall und bei Berufskrankheit. Dabei ist der Weg von der Wohnung zur Arbeitsstätte und zurück bis zur Haustür versichert (= **Wegeunfall**).
- **Verletztengeld.** Es entspricht dem Krankengeld der Krankenversicherung und wird für die Dauer der Arbeitsunfähigkeit bezahlt.
- **Berufshilfe.** Durch Ausbildung, Umschulung sollen Verunglückte wieder in das Arbeitsleben eingegliedert werden.
- **Verletztenrente**, wenn Erwerbsunfähigkeit besteht, und **Hinterbliebenenrente**, insbesondere Witwen- und Waisenrente.

2.3 Die Rentenversicherung

Die **Finanzierung der Rentenversicherung** erfolgt durch die Beiträge der Versicherten und die Beiträge der Arbeitgeber. Hinzu kommt der **Bundeszuschuss**. Der Bund hat die Zuschüsse zur Rentenversicherung aus Steuermitteln aufzubringen, wenn die Beiträge zur Deckung der Ausgaben nicht ausreichen (**Bundesgarantie**).

Der **Generationenvertrag** ist ein unausgesprochener und nicht schriftlich festgelegter Vertrag zwischen den jetzigen Beitragszahlern und Rentnern. Dieser beinhaltet die Verpflichtung der heutigen Generation, durch ihre Beiträge die jetzt gezahlten Renten zu sichern, in der Erwartung, dass die folgende Generation die gleiche Verpflichtung übernimmt.

Leistungen dazu sind:
- **medizinische Leistungen**,
- **berufsfördernde Leistungen**, d. h. berufliche Wiedereingliederung durch geeignete Arbeitsplätze, Lohnzuschüsse an Arbeitgeber, Umschulungen,
- **ergänzende Leistungen**, wie Übergangsgeld, Lehrgangskosten, Prüfungsgebühren.

Die Rentenversicherung zahlt auf Antrag
- **Erwerbsminderungsrente**, d. h.
  - volle Rente bei Arbeit unter drei Stunden täglich; das sind keine 700,00 € monatlich im Durchschnitt
  - halbe Rente bei Arbeit von drei bis sechs Stunden täglich,
- **Rente** aufgrund des **Alters**, d. h.
  - Regel-Altersrente noch mit 65 Jahren, später – für Sie – mit 67,
  - Altersrente mit 65, wenn die Mindestversicherungszeit von 45 Jahren erfüllt ist,
  - Altersrente für Schwerbehinderte mit 63 Jahren, wenn 35 Jahre Wartezeit vorliegen,
- **Witwen- und Waisenrente**.

Durch die Rente mit 67 Jahren soll gewährleistet werden, dass die Beiträge zur Rentenversicherung von der jüngeren Generation gezahlt werden können. Ein wichtiger Grund für diese Erweiterung ist die längere Lebenserwartung, welche die Bezugszeit der Rente von zehn Jahren (1960) auf aktuell 17 Jahre erweitert – mit steigender Tendenz.
Vgl. Deutsche Rentenversicherung

Hinzu kommen die Maßnahmen zur **Rehabilitation**, also der Wiederherstellung des Menschen und seiner Arbeitskraft. Dies sind medizinische Leistungen und berufsfördernde Leistungen, d. h. berufliche Wiedereingliederung durch geeignete Arbeitsplätze, Lohnzuschüsse an Arbeitgeber, Umschulungen.

2.4 Die Arbeitslosenversicherung

Die **Bundesagentur für Arbeit** in Nürnberg hat die Aufgabe der Arbeitsförderung und regelt die Arbeitslosenversicherung. Die gesetzliche Grundlage ist das **Sozialgesetzbuch** (SGB).

Die **Beiträge zur Arbeitslosenversicherung** leisten **Arbeitgeber und Arbeitnehmer je zur Hälfte**. Ausnahme ist das Arbeitslosengeld II (Hartz IV), das durch staatliche Steuerzuschüsse an die Bundesagentur für Arbeit finanziert wird. Zur Finanzierung der produktiven **Winterbauförderung** (Zuschüsse für Arbeitnehmer als Zusatz zum Lohn für Arbeit im Winter) wird von jedem Arbeitgeber des Baugewerbes eine Umlage erhoben.

Zur **Arbeitsförderung** gehören:
- Arbeitsmarkt- und Berufsforschung
- Arbeitsvermittlung und Berufsberatung
- Förderung der Ausbildung, Fortbildung und Umschulung
- Förderung der Arbeitsaufnahme, z. B. Zuschüsse zu Bewerbungskosten, Umzugskostenbeihilfe, Überbrückungsgeld bei Aufnahme einer selbstständigen Tätigkeit

Die Bundesagentur für Arbeit hat insbesondere die Aufgabe **Arbeitsplätze zu sichern**. Dies geschieht durch Zahlung von Lohnzuschüssen für Betriebe, Kurzarbeitergeld und Winterbauförderung.

Wird in Betrieben über längere Zeit aus wirtschaftlichen Gründen weniger gearbeitet, kann auf Antrag des Betriebes bis zu 18 Monate **Kurzarbeitergeld** gezahlt werden. Die Höhe richtet sich nach dem Netto-Arbeitsverdienst, den der Arbeitnehmer in den ausgefallenen Arbeitsstunden bekommen hätte; es beträgt 67 % für Arbeitnehmer mit Kindern, 60 % für alle übrigen.

Anspruch auf **Arbeitslosengeld I** hat jeder Versicherte, der
- arbeitslos ist und der Arbeitsvermittlung zur Verfügung steht,
- mindestens zwölf Monate innerhalb der zwei Jahre, die der Arbeitslosigkeit unmittelbar vorausgehen, Beiträge gezahlt hat (= Anwartschaft) und
- sich bei der Arbeitsagentur arbeitslos gemeldet und das Arbeitslosengeld beantragt hat.

Das **Arbeitslosengeld I** beträgt 67 % für Arbeitslose mit Kindern und 60 % für alle übrigen Personen, bezogen auf den letzten Netto-Arbeitsverdienst. Die Dauer der Zahlung **ist befristet**: von sechs Monaten bis 24 Monate für ältere und langjährig beschäftigte Arbeitnehmer.[1]

Wer das **Arbeitsverhältnis selbst aufgelöst hat**, die Annahme einer zumutbaren Arbeit abgelehnt oder sich einer Maßnahme zur beruflichen Förderung entzogen hat, muss mit einer **Sperrzeit** der Zahlung des Geldes bis zu zwölf Wochen rechnen.

1 Wer innerhalb der fünf Jahre vor der Arbeitslosigkeit mind. zwei Jahre eingezahlt hat, erhält ein Jahr Arbeitslosentgelt.

Anspruch auf **Arbeitslosengeld II (Hartz IV)** hat, wer vorher Arbeitslosengeld I bezogen hat und nun weiter arbeitslos ist und weiterhin der Arbeitsvermittlung zur Verfügung steht. Außerdem wird es nur bei **Bedürftigkeit** gezahlt. Bedürftigkeit liegt dann vor, wenn Einkommen oder Vermögen des Arbeitslosen oder seiner Familienangehörigen für den Lebensunterhalt nicht ausreichen.

Die monatliche Regelleistung beträgt 2019: 424,00 € + Heizkosten + Beiträge der Bundesagentur zur Krankenversicherung. Der Mehrbedarf für Schwangere, Behinderte und Alleinerziehende wird durch prozentuale Zuschläge zur Regelleistung berücksichtigt. Eine Alleinerziehende erhält dann je nach Alter des Kindes 245,00 € bis 322,00 €.

Auf Antrag haben Arbeitnehmer bei Zahlungsunfähigkeit ihres Arbeitgebers (**Insolvenz**) Anspruch auf den ausgefallenen Arbeitsverdienst (**Insolvenzgeld**), längstens für drei Monate rückwirkend nach Eingang des Insolvenzantrages beim Amtsgericht.

2.5 Die Pflegeversicherung

Träger der **Pflegeversicherung** sind die **Pflegekassen**. Bei jeder Krankenkasse ist eine Pflegekasse eingerichtet. Wechselt der Versicherte die Krankenkasse, so wechselt er damit auch zur Pflegekasse der neuen Krankenkasse.

Pflegebedürftig sind Personen, die wegen einer körperlichen, geistigen oder seelischen Krankheit oder Behinderung für das tägliche Leben in großem Maße Hilfe benötigen (zur Körperpflege, Ernährung, für die Mobilität und die hauswirtschaftliche Versorgung). Dazu gehören auch Demenzkranke.

Seit 2017 erfolgt die Gruppierung in fünf Pflegegrade:

1 Geringe Beeinträchtigung der Selbstständigkeit
2 Erhebliche Beeinträchtigung der Selbstständigkeit
3 Schwere Beeinträchtigung der Selbstständigkeit
4 Schwerste Beeinträchtigung der Selbstständigkeit
5 Schwerste Beeinträchtigung der Selbstständigkeit mit besonderen Anforderungen an die pflegerische Versorgung

Die Prüfung der Pflegebedürftigkeit erfolgt durch den **Medizinischen Dienst der Krankenkassen**.

Die Pflegeversicherung erbringt folgende Leistungen:

- **Häusliche (ambulante) Pflege**. Dazu gehören Sachleistungen, Pflegegeld für Pflegehelfer, Pflegehilfsmittel – bis 1 550,00 € in Pflegestufe III.
- **Teilstationäre Pflege** und Kurzzeitpflege in einer Einrichtung.
- **Vollstationäre Pflege**. Dabei übernimmt die Pflegekasse die Aufwendungen für die Pflege im Heim bis zu einem bestimmten Betrag, maximal etwa 2 000,00 € bei Pflegegrad 5.

2.6 Die Sozialgerichte

Sozialgerichte entscheiden über alle Streitigkeiten in Angelegenheiten der Sozialversicherungen, der Kriegsopferversorgung und des Kassenarztrechts. Sie sind die erste Instanz der Sozialgerichtsbarkeit.

Zusammensetzung der Kammern: ein Berufsrichter und zwei ehrenamtliche Richter (einer aus dem Kreis der Versicherten, einer aus dem Arbeitgeberbereich).

Die **Landessozialgerichte** sind als zweite Instanz zuständig für **Berufungen** und Beschwerden gegen die Urteile der Sozialgerichte.
Das jeweilige Gericht ist mit fünf Richtern besetzt, wovon drei Berufsrichter sind.

Das **Bundessozialgericht** in Kassel ist das oberste Gericht für die Sozialgerichtsbarkeit. Es ist die **Revisionsinstanz**.

In folgenden Phasen verläuft ein **Sozialgerichtsverfahren**:
- Zunächst wird gegen die Verwaltungsentscheidung des jeweiligen Versicherungsträgers (z. B. Deutsche Rentenversicherung) **Widerspruch** eingelegt; die Frist beträgt einen Monat.
- Dann beginnt das Verfahren mit der **Klage** beim Gericht (mündlich einzubringen oder schriftlich einzureichen). Diese muss innerhalb eines Monats nach Widerspruchsentscheidung erfolgen.
- Zuständig für die Klage ist das Sozialgericht am Wohnsitz des Klägers.
- Danach folgt die mündliche Verhandlung. Das Verfahren endet mit einem Urteil, kann aber auch mit einem Vergleich der Beteiligten enden.

Bei allen Gerichten der Sozialgerichtsbarkeit besteht **Kostenfreiheit**.

3 Das System der Individualversicherung (private Versicherungen)

Vertragspartner sind die Versicherung (**Versicherer**) und der **Versicherungsnehmer** (Kunde), die einen Vertrag abschließen.

Man unterscheidet bei den **Individualversicherungen**
- **Personenversicherungen**: private Kranken-, Unfall-, Renten- und Lebensversicherungen,
- **Sachversicherungen**: Feuer-, Reisegepäck-, Hausrat-, Diebstahlversicherungen,
- **Vermögensversicherungen**: Privat-, Berufs- und Kfz-Haftpflicht und Rechtsschutzversicherungen.

Unterschied der Sozial- und der Individualversicherungen

Sozialversicherungen	**Individualversicherungen**
Gesetzliche Pflichtversicherung	Meist freiwillige Versicherung
Beginn bei Arbeitsaufnahme	Beginn mit Vertragsabschluss
Beiträge nach Einkommen	Beiträge nach Leistungsumfang
Leistungen nach Erfordernissen (= **Solidaritätsprinzip**)	Leistungen nach Beiträgen (= **Versicherungsprinzip**)
Leistungen sind gesetzlich geregelt	Leistungen erfolgen nach Risiko und Beitrag

Personenversicherungen dienen der Absicherung der eigenen Person, z. B.:

- **Berufsunfähigkeitsversicherung**, die bei Berufsunfähigkeit monatliche Geldbeträge leistet.
- **Private Kranken-, Unfall-, Rentenversicherungen** schützen Selbstständige oder Beamte, die nicht der Sozialversicherungspflicht unterliegen. Versicherungsunternehmen bieten aber auch für Mitglieder einer gesetzlichen Krankenversicherung Zusatzversicherungen an. Private Unfallversicherungen decken Risiken im Freizeitbereich ab. Private Rentenversicherungen sollen Versorgungslücken im Alter schließen.
- Lebensversicherungen, wobei zwischen **Risikolebensversicherung** bei Tod (wichtig zur Absicherung von Familienangehörigen) und **Kapitallebensversicherung** als Geldanlage unterschieden wird.

Sachversicherungen sichern Dinge des Hausrats. **Hausratversicherungen** gelten in der Regel bei Schäden durch Sturm, Hagel, Wasserrohrbruch und Feuer innerhalb der Wohnung.

Vermögensversicherungen greifen bei Schadenersatzansprüchen durch Dritte, z. B.:

- **Privat-Haftpflichtversicherung:** zahlt Schäden, die der Versicherte anderen unabsichtlich zugefügt hat.
- **Kraftfahrzeughaftpflicht**: gesetzlich vorgeschrieben für Kfz-Besitzer
- **Rechtsschutzversicherung** übernimmt Anwalts- und Gerichtskosten bei Miet-, Verkehrs- und Privatprozessen.
- **Tierhaftpflichtversicherung**: Tierhalter haften für Schäden, die ihre Haustiere angerichtet haben.
- **Reiserücktrittsversicherung:** deckt die Stornokosten einer Reise.

Seit dem 1. Januar 2008 ist das neue **Versicherungsvertragsgesetz** (VVG) in Kraft, das unter anderem die Versicherungsnehmer (Kunden) mehr am Vermögen der Versicherer (Gesellschaft) beteiligt.

4 Entwicklung und Probleme der sozialen Sicherung

4.1 Entwicklung der staatlichen Sozialpolitik

Das Sozialrecht, das mit der Sozialgesetzgebung des damaligen Reichskanzlers **Otto von Bismarcks** Ende des 19. Jahrhunderts seinen Anfang nahm (Kaiser Wilhelm I. verkündete auf Veranlassung Bismarcks 1881 den Beginn der Sozialgesetzgebung), ist im Laufe der Zeit immer umfangreicher und komplizierter geworden. Das aus vielen Einzelbestimmungen bestehende Sozialrecht wurde in einem Werk zusammengefasst, dem **Sozialgesetzbuch (SGB)** mit den **Büchern I–XII**.

Die wichtigste rechtliche Grundlage für die Sozialpolitik in der Bundesrepublik Deutschland bildet das **Grundgesetz** (**GG**). In Artikel 20 Abs. 1 ist das **Sozialstaatsprinzip** (Sozialstaatsgebot) verankert, das den Staat verpflichtet, sich um Bedürftige zu kümmern: *„Die Bundesrepublik Deutschland ist ein demokratischer und* ***sozialer*** *Bundesstaat."* Dieses Recht ist vor Gerichten einklagbar.

4.2 Das soziale System heute und Zukunftsprobleme

Der Staat zahlt Kindergeld und Wohngeld, bezuschusst die Rentenversicherung mit über 100 Mrd. € jährlich, zahlt Zulagen für Sparverträge, gibt Arbeitslosen finanzielle Unterstützung. Alle diese Maßnahmen haben in den über 70 Jahren Bundesrepublik Deutschland ein riesiges System entstehen lassen, das mehr als die Hälfte der Steuereinnahmen von Bund und Ländern als Ausgaben ausmacht.

Dieses sogenannte **„soziale Netz"** wirkt auf Dauer allerdings nur, wenn Millionen Arbeitnehmer und Arbeitgeber immer mehr Sozialversicherungsabgaben und Steuern zahlen. Da dies politisch nicht durchsetzbar ist, gelingt das nur, wenn die Wirtschaft regelmäßig wächst und damit die Einkommen steigen – die wirtschaftliche Realität gibt das zurzeit nicht her.

Folgende Problemfelder beschäftigen unter anderem Bürger und Politiker:

- **Problemfeld: Einkommensbelastung**
  Die Belastung des Einkommens der Bürger mit Steuern und Sozialabgaben, die der Staat und die Sozialversicherungsträger erhalten, ist deutlich gestiegen. So muss ein durchschnittlich Verdienender im Jahr 2018 etwa 40 % seines Bruttoverdienstes abgeben. Viele Bürger sind unzufrieden, Politiker versprechen Entlastungen.
- **Problemfeld: Belastung nachfolgender Generationen**
  Staaten verschulden sich, da sie mehr ausgeben als einnehmen. Dafür sind nicht nur Zinsen in der Zukunft zu zahlen, sondern die Schulden müssen getilgt, also zurückgezahlt werden.

Der deutsche Staat (Bund, Länder, Kreise, Gemeinden) hat sich bis Ende 2018 mit etwa 1,9 Bio. € verschuldet. Allein die Zinsbelastung des Bundes beträgt 2018 etwa 20 Mrd. €, bei Gesamtausgaben von etwa 350 Mrd. €.

Da die Schuldenlast sehr hoch ist, muss sie den zukünftigen Generationen aufgebürdet werden. Sie werden damit in die Pflicht genommen, für die großzügigen Sozialleistungen an ihre Eltern und Großeltern aufzukommen. Zudem hat sich durch die hohe Lebenserwartung und die niedrige Geburtenrate der Altersaufbau der Bevölkerung in Deutschland stark verändert. Der sogenannte „**Generationenvertrag**", der vorsieht, dass die jeweils berufstätige Generation für das Einkommen der Rentner sorgt, lässt sich auch aufgrund der veränderten Arbeitsmarktsituation der meisten Arbeitnehmer nicht einhalten, will man nicht die Arbeitnehmer immer stärker belasten. Der Staat muss wiederum über Steuern diese Finanzierung sichern.

5 Individuelle Vermögensbildung

Das Vermögen oder Sparbeträge können als Geldanlage, als vermögenswirksames Sparen oder zur Vermögensbildung und zur Altersvorsorge eingesetzt werden.

5.1 Formen der Geldanlage

- **Sparbuch**: Es wird von jeder Bank oder Sparkasse angeboten, hat in der Regel eine drei monatige Kündigungsfrist und innerhalb eines Monats können ohne Ankündigung bis zu 2000,00 € abgehoben werden. Es erbringt zurzeit nur geringe Zinsen (0,02 % – 0,05 %), sodass es als Geldanlage wenig geeignet ist.
- **Tagesgeld**: Es wird kurzfristig Geld angelegt, über das der Kunde jederzeit verfügen kann. 2018 sind damit Zinsen von 0,2 % – 0,3 % zu erzielen.
- **Termingeld/Festgeld**: Hier wird ein bestimmter Betrag, beispielsweise 1 000,00 €, für einen bestimmten Zeitraum (Monat, halbes Jahr, Jahr) festgelegt. Die Verzinsung ist deutlich höher als beim Sparbuch.
- **Aktien**: Aktien sind Beteiligungen an Unternehmen, die sich dadurch Kapital beschaffen. Der Kauf erfolgt über die Bank, die ein Wertpapierkonto anlegt. Erwirtschaftet das Unternehmen Gewinne, dann erhält der Anleger Zinsen für sein Kapital, die sogenannte **Dividende**. Steigt der Kurs der Aktie, kann es für den Anleger von Interesse sein, seinen Anteil zu verkaufen. Seit 2009 behält die Bank 25 % des Kursgewinns ein und führt diesen Betrag an das Finanzamt ab (**Abgeltungsteuer**); es sei denn, der Anleger hat einen Freistellungsauftrag bei seiner Bank (**Sparer-Pauschbetrag** = 801,00 € pro Jahr pro Person).
- **Fonds**: Risikoärmer als der Erwerb von Aktien ist der Kauf von Fondsanteilen. In einem Fonds bündelt eine Kapitalanlagegesellschaft, meistens von einer Bank gegründet, die Gelder zahlreicher Anleger, um sie nach dem Prinzip der Risikostreuung in verschiedenen Vermögenswerten (Aktien, Immobilien, Staatsanleihen) anzulegen. Für diese Verwaltung werden ein Ausgabenaufschlag und eine jährliche Verwaltungsgebühr erhoben. Steigt

der Fondsanteilswert, kann der Anleger jederzeit verkaufen, wobei auch hier die Abgeltungsteuer einbehalten wird.

- **Bundeswertpapiere**: Sie werden von der Bundesrepublik Deutschland herausgegeben und können direkt über die **Bundesrepublik Deutschland – Finanzagentur GmbH** oder über Banken bezogen werden. Es werden feste Zinssätze für die Laufzeit über die Jahre zugesichert, von 0,1 % – 0,3 % jährlich. Nach einem Jahr können die Wertpapiere verkauft werden. Bundeswertpapiere liegen als Urkunde im Depot einer Bank oder – gebührenfrei – bei der Bundesschuldenverwaltung.
- **Bausparvertrag**: Er wird mit einer Bausparkasse abgeschlossen. Es gibt relativ niedrige Guthabenzinsen für die monatliche Einzahlung; bei Ansparen von 40–50 % der Bausparsumme erhält der Sparer nicht nur seine eingezahlten Beträge plus Zinsen, sondern auch einen zinsgünstigen Kredit von der Bausparkasse.

5.2 Vermögenswirksame Leistungen

Zusätzlich zur normalen Vergütung zahlen viele Arbeitgeber ihren Auszubildenden und Arbeitnehmern vermögenswirksame Leistungen (VL).

Der **Arbeitgeberzuschuss** beträgt je nach Manteltarifvertrag der jeweiligen Branche oder Arbeitsvertrag 6,00–40,00 € monatlich. Dieser Betrag wird in einen vom Arbeitnehmer gewählten Sparvertrag, z. B. einen Bausparvertrag, eingezahlt. Teilweise ist der Arbeitnehmer selbst zu regelmäßigen Einzahlungen verpflichtet. Über das angesparte Geld kann über einen Zeitraum von sieben Jahren nicht verfügt werden. Erst danach steht es dem Arbeitnehmer zur freien Verfügung.

Auch der Staat fördert das Sparen mit der sogenannten **Arbeitnehmersparzulage**, die 9 % der Sparsumme von jährlich maximal 470,00 € beträgt. Die Auszahlung erfolgt am Ende der Laufzeit des Sparvertrages auf das jeweilige Konto. Die Zulage ist einkommensabhängig.

Die staatliche Sparzulage für Produktivvermögen (Aktien, Fonds, Anteile am eigenen Unternehmen) beträgt maximal 20 % auf maximal 400,00 € jährlich. Zusätzlich wird eine 8,8%ige **Wohnungsbauprämie** vom Staat gezahlt, wenn das Einkommen eine bestimmte Grenze nicht übersteigt. Die Einkommensgrenze für Ledige betrug 2018 25 600,00 €.

5.3 Vermögensbildung und Altersvorsorge

Je früher man mit der Vorsorge für das Alter beginnt, desto besser ist die Absicherung im Ruhestand. Die **Altersrente** wird für den heutigen Arbeitnehmer in den nächsten Jahrzehnten deutlich geringer ausfallen. Experten schätzen die Standardrente für 45 Beitragsjahre im Jahr 2030 auf nur noch 45 % des durchschnittlichen Bruttoeinkommens (heute ca. 50 %).

Folgende „Säulen“ der Altersvorsorge durch Vermögensbildung sind beispielsweise neben der gesetzlichen Rente zu nennen:

- **Betriebsrente**: Etliche mittlere und Großunternehmen fördern über eine Betriebsvereinbarung oder den Tarifvertrag eine betriebliche Altersversorgung. Entweder erhält der Arbeitnehmer direkt eine Rente nach Ausscheiden oder Teile seines Gehalts (z. B. das Weihnachtsgeld) fließen in eine betriebliche Altersversorgung. Das kann eine Direktversicherung oder ein Fonds sein. Da der Betrieb Geld dazugibt und diese Beiträge steuerfrei sind, lohnt sich diese Form der Altersvorsorge.
- **Riesterrente (Förderrente)**: Um mehr Bürger zu privater Vorsorge zu motivieren, brachte der ehemalige Arbeitsminister Walter Riester eine private Zusatzrente auf den Weg, die seinen Namen trägt. Arbeitnehmer können jährlich maximal 4 % ihres Bruttoeinkommens in eine Versicherung oder einen Fonds einzahlen, wozu der Staat je Familienangehörigen Zuschüsse gibt. Für einen Ledigen beträgt dieser 175,00 € pro Jahr. Pro Kind gibt es 300,00 € pro Jahr. Es werden nur solche Produkte bezuschusst, die die Auszahlung des angesammelten Kapitals mit 60 Jahren garantieren.
- **Kapitalanlageprodukte**: Dazu zählen Kapitallebensversicherungen und die private Rentenversicherung. Hierbei werden private Versicherungsverträge abgeschlossen, die neben Zinsen auch Überschussbeteiligungen enthalten, also einen Teil dessen, was der Versicherer mit der Geldanlage verdiente.
- Sparen in **Aktienfonds**, die im Durchschnitt der letzten 30 Jahre die größte Rendite erwirtschaftet haben.

6 Lohnformen

Die Auszubildenden und Arbeitnehmer erhalten Arbeitsentgelt: **Lohn** oder **Gehalt** bzw. Ausbildungsvergütung. Es gibt mehrere Entlohnungsformen.

6.1 Zeitlohn

Beispiele sind die Ausbildungsvergütung, das Monatsgehalt eines Angestellten und der Stundenlohn von Arbeitern. Die Vergütung richtet sich nach der im Betrieb getätigten Arbeitszeit. Ein Schlosser erhält einen Stundenlohn, ein Meister als Angestellter erhält ein monatliches Gehalt.

Der **Zeitlohn** wird als Entlohnungsform gewählt, wenn die Qualität der Arbeit wichtig ist, z. B. bei Arbeiten im Konstruktionsbüro, und die Arbeitsleistung nicht oder nur schwer zu messen ist, z. B. bei Büroarbeiten. Der Zeitlohn vermeidet Leistungsdruck, lässt für den Betrieb eine einfache Lohnberechnung zu und ist leicht zu kontrollieren, z. B. durch eine Stechuhr. Als

Nachteil ist ein möglicher geringer Leistungsanreiz zu nennen und der „fleißige“ Arbeitnehmer verdient nicht mehr als sein „fauler“ Kollege im gleichen Betrieb.

6.2 Leistungslohn

Der Begriff drückt es aus: Die Lohnhöhe ist abhängig von der erbrachten Leistung des Arbeitnehmers. Zum Leistungslohn gehören der **Akkord-** und der **Prämienlohn**.

Akkordlohn

Die erarbeitete Menge ist entscheidend. Dabei ist die Bezahlung im Akkord nur für Arbeiten geeignet, bei denen der Arbeitnehmer sein Arbeitstempo den Arbeitsbedingungen anpassen kann und die Tätigkeiten sich ständig wiederholen.

Für die Berechnung des Akkordlohns sind die tariflichen Mindestlöhne (z. B. 12,00 € je Stunde) heranzuziehen, dem der Akkordzuschlag (z. B. 20 % = 2,40 €) hinzugefügt wird. Die Summe ist der **Akkordrichtsatz** (14,40 € je Stunde). Dieser Akkordrichtsatz ist der Grundlohn je Stunde im Akkord, der bei Normalleistung bezahlt wird.

Bei Akkordlohnermittlung wird zwischen der Entlohnung mit **Geldakkord** und Entlohnung mit **Zeitakkord** unterschieden:

Beispiel

Beispiel zum Geldakkord
Ein Fliesenleger hat eine Normalleistung von 2,5 qm pro Stunde und arbeitet 7 Stunden pro Tag. Der Akkordrichtsatz beträgt 14,40 €.
Pro verlegten qm wird dem Fliesenleger ein Entgelt von 5,76 € bezahlt (Akkordrichtsatz: Normalleistung = 14,40 € : 2,5 = 5,76 €).
Der Tagesverdienst beträgt bei einer Arbeitsleistung von 2,6 qm pro Stunde 104,83 € (5,76 € · Tagesleistung = 2,6 · 7 Stunden = 104,83 €).

Beispiel

Beispiel zum Zeitakkord in einer Fließbandfertigung
Eine Arbeitskraft montiert Teile, die mit 30 Teilen pro Stunde ermittelt wurden; das bedeutet eine Vorgabezeit (Zeitakkord) von 2 Minuten pro Stück. Am Tag wird 7 Stunden gearbeitet. Pro Minute sind das 0,24 € (Akkordrichtsatz 14,40 € : 60 Minuten = 0,24 €) als Minutenfaktor. Der Tagesverdienst beträgt bei einer Tagesleistung von 31 Stück pro Stunde 104,16 € (2 · 0,24 € · 31 · 7 = 104,16 €).

Die **Akkordlohnzahlung** belohnt die erbrachte Menge und damit den Fleiß des Arbeitnehmers und für den Betrieb besteht eine gute Auslastung der Maschinen.

Nachteile können gesundheitliche Beeinträchtigungen des Arbeitnehmers und eventuell eine verringerte Qualität der Erzeugnisse sein. Der Betrieb muss ständige Qualitätskontrollen durchführen.

Prämienlohn

Zu einem vereinbarten Grundlohn (Tariflohn) wird eine leistungsabhängige Vergütung gezahlt; beispielsweise eine Termineinhaltungsprämie auf einer Baustelle, eine Qualitätsprämie bei Unterschreitung einer Ausschussquote, eine Ersparnisprämie bei geringerem Energie- oder Rohstoffverbrauch.

Viele Betriebe belohnen auch **Verbesserungsvorschläge** durch eine Anerkennungsprämie, wobei sich Betrieb und der jeweilige Arbeitnehmer den eingesparten Betrag teilen.

6.3 Beteiligungslohn

Um das Interesse von Arbeitnehmern und ihre Motivation zu steigern, beteiligen immer mehr Unternehmen die Belegschaft am Erfolg. Neben dem Lohn oder Gehalt wird ein zusätzlicher Beteiligungslohn gezahlt. Mitarbeiter können dabei am Gewinn oder am Kapital eines Unternehmens beteiligt werden.

- **Gewinnbeteiligung**: Mitarbeiter erhalten anstelle oder in Ergänzung ihres Gehalts eine Prämie, die an den Unternehmensgewinn gekoppelt ist. Es wird jährlich ausgezahlt oder bei einer „investiven" Gewinnbeteiligung wird das Geld zunächst nicht bar ausgezahlt, sondern bleibt im Unternehmen und kann von der Firma für Investitionen in Maschinen und Anlagen verwendet werden. Der Arbeitnehmer erhält Zinsen auf seine Beteiligung und der Arbeitsplatz bleibt durch diese Investitionen sicher.
- **Kapitalbeteiligung**: Die Arbeitnehmer können einen Kapitalstock aufbauen, indem das Geld auf Beteiligungskonten gutgeschrieben wird. Die Arbeitnehmer erhalten darauf Zinsen. Möglich ist auch, dass die Mitarbeiter in den Genuss von Aktien ihres Unternehmens (Belegschaftsaktien) kommen. Sie werden damit zu Kapitaleignern und erhalten Dividenden (Zinsen auf Gewinne der Aktiengesellschaft). Diese Aktien werden kostenlos oder günstig an die Belegschaft abgegeben. Einzuhaltende Sperrfristen verhindern den sofortigen Verkauf der Aktien.

7 Steuern und Transferleistungen des Staates

7.1 Steuern: Begriff und Einteilungsmöglichkeiten

Steuern sind Geldleistungen, die vom Staat (Bund, Länder, Gemeinden) erhoben werden, ohne dass eine besondere Gegenleistung besteht.

Die Steuereinnahmen machen 97 % aller staatlichen Einnahmen aus und dienen zur **Erfüllung staatlicher Aufgaben**, wie z. B. Zuschuss zur Rentenversicherung, Zahlung von Kindergeld, Polizei, Straßenbau, Schulwesen, Verteidigung. Daneben verlangt der Staat Gebühren und Beiträge.

Gebühren werden für die Inanspruchnahme von Verwaltungsleistungen erhoben, wie z. B. Passgebühren, Müllgebühren, Entwässerungsgebühren. **Beiträge** sind einmalige Zahlungen für die Nutzung öffentlicher Einrichtungen, wie z. B. Erschließungsbeiträge für den Straßenausbau, Kanalisationsbeiträge. Grundlage der Abgaben ist eine **Satzung**, die von den Gemeindevertretern, Stadtverordneten oder Stadträten beschlossen wird. Die Satzung wirkt dann wie ein Gesetz.

Einteilung der Steuern nach Erhebungsart

- **Direkte Steuern** werden beim Steuerpflichtigen, dem **Steuerschuldner** (= die Person, die die Steuer zu zahlen hat), direkt erhoben. Steuerzahler und **Steuerträger** (= die Person, die durch die Steuer tatsächlich belastet wird) sind hier dieselbe Person.

Beispiele Einkommensteuer (die Lohnsteuer ist eine besondere Form der Einkommenssteuer), Gewerbesteuer, Grundsteuer, Erbschaftssteuer

- **Indirekte Steuern** werden auf dem Umweg über bestimmte Waren erhoben, sie sind im Kaufpreis enthalten. Der Käufer (= Steuerträger) zahlt sie über den Kaufpreis mit, der Verkäufer (= Steuerschuldner) überweist den Steueranteil an das Finanzamt.

Beispiele Umsatzsteuer (19 % auf alle Lieferungen und Leistungen; 7 % auf Grundnahrungsmittel und Bücher), Mineralölsteuer, Tabaksteuer

Empfänger der Steuern

- Die **Gemeinden** erhalten die Grundsteuer voll und Anteile an der Einkommens-, Gewerbe- und Umsatzsteuer.
- Die **Länder** erhalten die Grunderwerbsteuer, die Kfz-Steuer und Biersteuer voll und Anteile an der Umsatz- und Einkommensteuer.
- Der **Bund** erhält alle Verbrauchsteuern (Mineralöl-, Tabak-, Kaffeesteuer), alle **Zölle** (aus Importen aus Nicht-EU-Ländern) und Anteile an der Umsatz- und Einkommenssteuer.
- Steuern, die Bund und/oder Länder und/oder Gemeinden unter sich nach einem vereinbarten Schlüssel aufteilen, heißen **Gemeinschaftssteuern**.

Beispiele Einkommenssteuer: Bund, Land und Gemeinde am Wohnsitz des Steuerzahlers teilen sich diese Steuer nach einem Schlüssel.

7.2 Einkommensteuer und Einkommensteuererklärung

Nach dem **Einkommensteuergesetz** sind natürliche Personen, die im Inland einen Wohnsitz oder ihren gewöhnlichen Aufenthalt haben, **unbeschränkt einkommensteuerpflichtig**.

Das **Einkommen** ist steuerlich der Gesamtbetrag der **Einkunftsarten**. Unterschieden werden sieben Einkünfte aus:

1. Land- und Forstwirtschaft
2. Gewerbebetrieb
3. selbstständiger Arbeit
4. nichtselbstständiger Arbeit
5. Kapitalvermögen
6. Vermietung und Verpachtung
7. sonstigen Einkünfte, z. B. Renten

Die **Einkünfte** werden bei den Einkunftsarten 1. bis 3. als Gewinn ermittelt. Dabei ist der Gewinn der Überschuss der Betriebseinnahmen über die Betriebsausgaben, z. B. für Ärzte, Steuerberater. Bei den Einkunftsarten 4. bis 7. erfolgt die Ermittlung der Einkünfte als Überschuss der Einnahmen über die Werbungskosten.

Werbungskosten sind **Aufwendungen**, die der Steuerpflichtige zur Erzielung seiner Einkünfte beim Finanzamt angibt, um Steuern eventuell zurück zu erhalten. Die Werbungskosten werden dabei bei der Einkunftsart abgezogen, bei der sie entstanden sind.

Einkünfte = Einnahmen – Werbungskosten

Beispiele

- Bei **Einkünften aus Kapitalvermögen** sind Zinsen und Sparguthaben grundsätzlich zu versteuern. Als Werbungskosten ist der Sparer-Pauschbetrag (801,00 € im Jahr 2018 für Ledige) steuerfrei. Dazu muss dem Geldinstitut ein **Freistellungsauftrag** erteilt werden.
- Beim Entgelt (**Einkünfte aus nichtselbstständiger Arbeit**) sind insbesondere Fahrtkosten zur Arbeit, Fortbildungsaufwendungen, Aufwendungen für Berufskleidung und Fachliteratur sowie Bewerbungskosten als Werbungskosten abzusetzen.
- Im Jahr 2018 beträgt der steuerfreie **Arbeitnehmerfreibetrag 1 000,00 €**; überschreitet der Steuerzahler diesen Betrag mit seinen Aufwendungen, lohnt sich eine **Einkommensteuererklärung**, um sich gezahlte Steuern zurückzuholen.

Abgeltungsteuer

Seit 2009 werden Erträge aus Kapitalanlagen (Zinsen, Dividenden, Kursgewinne von Aktien) einheitlich mit einem **Pauschalsatz** von **25 %** besteuert, plus Solidaritätszuschlag (5,5 % der

EkSt) und eventuell Kirchensteuer. Banken behalten die Steuer ein und führen sie an das Finanzamt ab. Die Steuerschuld des Anlegers ist damit abgegolten.

Zu den **einkommensteuerfreien Einnahmen** gehören Arbeitslosengeld, Kurzarbeitergeld, Kindergeld, Wohngeld und Lottogewinne. Erst durch Zinsgewinne aus einem Lottogewinn entsteht bei Überschreitung des Freibetrags eine Einkommenssteuerpflicht.

Sonderausgaben sind im Wesentlichen Vorsorgeaufwendungen wie Beiträge zu den Sozialversicherungen, zur Lebensversicherung, zur Kranken-, Haftpflicht-, Unfallversicherung; zu den Sonderausgaben gehören auch Kirchensteuerzahlungen sowie Spenden an gemeinnützige Organisationen und Parteien. Diese können auch die Einkommenssteuer senken.

Um soziale Gesichtspunkte zu berücksichtigen, können auf Antrag **außergewöhnliche Belastungen** steuermindernd wirken, wobei den Steuerzahlern ein Eigenanteil zugemutet wird.

Beispiele	Ausgaben für Behinderungen, Zuzahlungen für Arzt oder Zahnarzt, Unterstützung bedürftiger Angehöriger, Ausbildungsaufwendungen für Kinder

Es gibt **6 Steuerklassen**:

Steuerklasse I:	Arbeitnehmer, die ledig, verwitwet oder geschieden sind.
Steuerklasse II:	Ledige oder geschiedene Arbeitnehmer mit mindestens einem Kind.
Steuerklasse III:	Verheiratete, wenn der Ehegatte nicht in einem Arbeitsverhältnis steht oder in Steuerklasse V ist.
Steuerklasse IV:	Verheiratete, wenn beide Ehegatten Arbeitslohn beziehen.
Steuerklasse V:	Beide Ehegatten beziehen Arbeitslohn; der eine geht in Steuerklasse III, der andere in V.
Steuerklasse VI:	Wird eingetragen für Arbeitnehmer mit einem zweiten Arbeitsverhältnis. Steuern nach Steuerklasse VI muss der Arbeitgeber auch berechnen, wenn der Arbeitnehmer die Lohnsteuerkarte nicht vorlegt.

Tarif- oder Steuerzonen

Das **Bruttoentgelt** bestimmt neben der **Steuerklasse** die Höhe der Abgaben. Dabei gibt es folgende **Steuerzonen** (Angaben pro Jahr für Ledige, bei Verheirateten gilt der doppelte Betrag):

Zone 1 Nullzone: Durch einen Grundfreibetrag und andere Freibeträge sind Einkommen bis ca. 9 000,00 € steuerfrei.

Zone 2 Untere linear-progressive Zone: Dabei wird jeder Euro zwischen 9 000,00 und ca. 13 800,00 von 14 % bis 24 % besteuert (Stand: Oktober 2018).

Zone 3 Progressionszone: Jeder Euro zwischen ca. 13 700,00 und 54 000,00 € wird mit einem steigendem Steuersatz von 24 % bis 45 % besteuert.

Zone 4 Obere Progressionszone: für ein zu versteuerndes Einkommen von 54 058,00 bis 260 532,00 €

Zone 5 Proportionalzone: Jeder Euro über 260 533,00 € wird mit 45 % besteuert.

Eine **Einkommensteuererklärung muss** abgeben, wer
- neben dem Hauptjob weitere Einkünfte über 450,00 € hat,
- im Jahr bei mehreren Unternehmen gearbeitet hat,
- Freibeträge, z. B. wegen hoher Fahrtkosten, eintragen ließ,
- als Ehepaar die Steuerklassen III und V gewählt hat.

Die Einkommensteuererklärung sollte bis zum 31. Mai des Folgejahres abgegeben sein; auf Antrag kann der Termin bis zum 30.09. des Folgejahres verlängert werden.

7.3 Transferleistungen des Staates: Sozialhilfe, Wohngeld, Elterngeld, Kindergeld

Transferleistungen des **Staates** sind alle Geldmittel, die an private Haushalte und Unternehmen ohne direkte Gegenleistung gezahlt werden, um bestimmte politische, wirtschaftliche oder soziale Ziele zu erreichen.

Werden Zuschüsse an **Unternehmen** gezahlt, um beispielsweise die Ansiedlung von Arbeitsplätzen zu fördern, spricht man von **Subventionen**.

Zu den staatlichen Transferleistungen, die an die **privaten Haushalte** fließen, zählen vor allem Arbeitslosengeld II (Hartz IV), Eltern- und Kindergeld, Wohngeld und Sozialhilfe. Diese Leistungen erbringt der Staat aus Steuermitteln zur Verwirklichung sozialer Gerechtigkeit und sozialer Sicherheit, ohne dass die Betroffenen dafür Beiträge gezahlt haben.

Sozialhilfe und Wohngeld

Menschen haben einen Anspruch auf diese Leistungen, wenn sie keine Arbeit haben, keine Versicherung oder kein Vermögen vorhanden ist und Verwandte sie nicht unterstützen können. Jeder Bürger unseres Landes soll ein menschenwürdiges Leben führen können. Dabei ist die **Sozialhilfe** eine nachrangige Unterstützung. Landkreise und kreisfreie Städte als Sozialhilfeträger zahlen nur, wenn alle anderen Möglichkeiten ausgeschöpft sind.

Die **Sozialhilfe** umfasst im Wesentlichen:
- **Hilfe zum Lebensunterhalt**: Es werden Leistungen für Ernährung, Unterkunft, Kleidung, Heizung gewährt, z. B. für Alleinerziehende mit minderjährigen Kindern.
- **Hilfe zur Grundsicherung im Alter**: Bedürftigen alten Menschen steht eine Grundsicherung in Form eines Zuschusses zu, wenn sie von der Rente allein nicht leben können.
- **Hilfe zur Pflege**: Das Sozialamt unterstützt pflegebedürftige Personen, wenn das eigene Einkommen und die Leistungen der gesetzlichen Pflegeversicherung nicht ausreichen.

Wohngeld ist ein Zuschuss der Sozialhilfeträger. Sowohl Mieter als auch Eigentümer können ihn erhalten, wenn die Kosten für den Wohnraum die wirtschaftliche Leistungsfähigkeit (Einkommen) übersteigen.

Elterngeld/Elternzeit und Kindergeld

Das **Elterngeld- und Elternzeitgesetz** regelt den Anspruch auf **Elterngeld**, das Mütter oder Väter in den ersten zwölf Monaten nach der Geburt erhalten. Die Höhe beträgt 67 % des Nettogehalts, maximal 1 800,00 €. Nimmt der andere Partner ebenfalls zwei Monate Elternzeit in Anspruch, erhält auch er für diese zwei Monate Elterngeld.

Der Anspruch auf **Elternzeit** besteht für maximal drei Jahre ab der Geburt. Während dieser Zeit besteht absoluter Kündigungsschutz. Die Elternzeit kann von jedem Elternteil allein oder von beiden Elternteilen gemeinsam genommen werden.

Seit 1. Januar 2010 gilt das aktuelle Familienleistungsgesetz. Damit beträgt das **Kindergeld** seit Januar 2018 für das erste und zweite Kind monatlich 194,00 €; für das dritte Kind 200,00 € und ab dem vierten Kind je 230,00 € im Monat. Die Familienkasse der Bundesagentur für Arbeit zahlt dieses aus. Ab Juli 2019 gibt es für jedes Kind 10,00 € mehr Kindergeld im Monat.

Kindergeld und Elterngeld werden unabhängig vom Einkommen der Eltern gezahlt. Damit soll auch Paaren mit höherem Einkommen ein Anreiz geboten werden, sich für Kinder zu entscheiden.

8 Planung von Karriere und Familie

Wesentlich für den Einzelnen und seine Familie ist die Planung von Lebensentwürfen als **Karriere im Beruf** und die **Rolle in und als Familie**.

Die **Planung der Karriere**, also eines möglichen beruflichen Aufstiegs, hängt von vielerlei Faktoren ab:

- Schulischer Werdegang, Berufsausbildung, Berufswahl, Weiterbildung und Schlüsselqualifikationen, d. h. die Fähigkeit, mit anderen im Team zu arbeiten, Konflikte zu bewältigen und zu kommunizieren, sind individuell beeinflussbar.
- Weniger oder nicht beeinflussbar sind das vorhandene Bildungssystem, die soziale Herkunft, das Geschlecht oder die Förderung durch Unternehmen.

Die **Planung der Familie**, die auch bedeutsam für die berufliche Karriere ist, erfährt seit Jahren einen Wandel in den Industriestaaten: Neben der Frage der Ehe oder des Zusammenlebens ohne Trauschein sind die Gleichberechtigung von Frauen, die gestiegene Kinderlosigkeit und die gewachsenen materiellen Ansprüche wesentliche Elemente der Entwicklung unserer Gesellschaft.

Diese Gesichtspunkte haben auch zu tun mit den **Rollenerwartungen**, d.h., welche Erwartungen hat man selbst an seinen Beruf, was erwarten die Vorgesetzten, die Kollegen, was die Familie, welche Rolle können dabei der Staat und die Unternehmen spielen?

- **In der Familie** wird von den Eltern bzw. den Erziehenden erwartet, dass sie wissen, was zum Wohl des Kindes zu tun ist. Nicht wenige Familien sind damit überfordert und scheitern. Drogenkonsum, Kindesmissbrauch, Übergewicht und Scheitern in der Schule sind häufig diskutierte Themen.
- An den **Staat** ist die Erwartung gerichtet, familien- und kinderfreundliche Politik zu betreiben. Neben den sozialen Leistungen, der Förderung der Kindergärten und dem Ausbau der Kindertagesstätten kümmert sich der Staat um Erziehungsberatung, Suchttherapie und Hilfen für Kinder aus Familien mit Migrationshintergrund.
- **Unternehmen** müssen sich dem Wettbewerb um gute Mitarbeiter stellen und das bedingt auch die Einbeziehung der Arbeitnehmerinteressen. Ein Arbeitsumfeld, in dem Familie, Freizeit und Beruf miteinander vereinbar sind, ist ein wichtiger Motivationsfaktor für die Beschäftigten. Beispiele können sein: variable Arbeitszeit, betriebliche Kinderbetreuung, Einarbeitungsprogramme für wieder einsteigende Frauen nach der Babypause, Weiterbildungsangebote. Um effektive Maßnahmen zur Steigerung der Mitarbeiterzufriedenheit abzuleiten, stellt die Bedürfnispyramide von Maslow ein sinnvolles Modell dar:

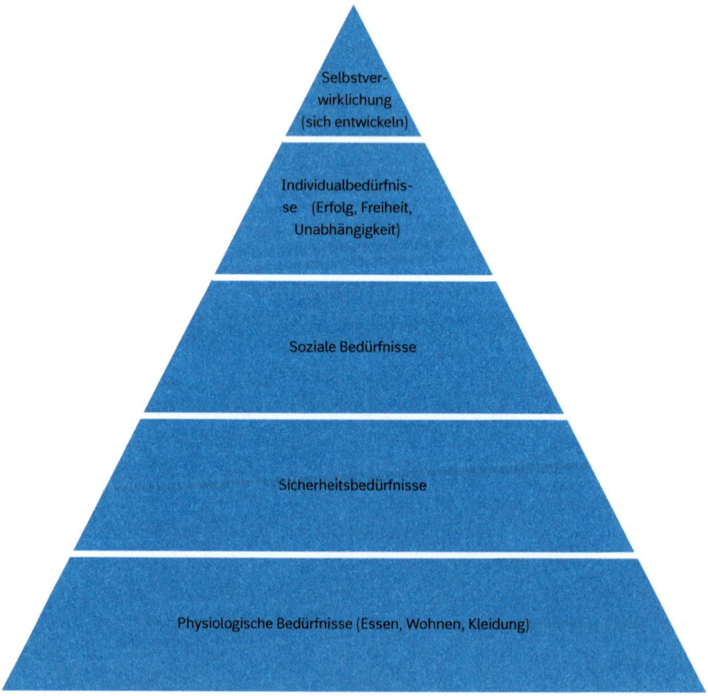

- Diese fünf Gruppen von Motiven bestimmen bis zu ihrer Befriedigung das Verhalten.

Prüfgebiet III: Unternehmen und Verbraucher in Wirtschaft und Gesellschaft

1 Ziele, Aufgaben und Aufbau von Betrieben und Unternehmen

Nach dem **erwerbswirtschaftlichen Prinzip** ist in einer Marktwirtschaft das **oberste Ziel** einer Unternehmung, einen möglichst großen Gewinn zu erzielen (Gewinn = Verkaufserlöse – Aufwendungen). Der **Gewinn** ist dabei für das Unternehmen **Risikoprämie** (Verzinsung) für das eingesetzte Kapital und – für den Einzelunternehmer – sein **Einkommen**, von dem er lebt und für das er Steuern bezahlt.

Unterziele, die der sogenannten Gewinnmaximierung dienen, sind:
- Umsatzsteigerung, d. h. Mehrverkauf und neue Kunden gewinnen,
- Sicherung und Vergrößerung der Marktanteile gegenüber den Wettbewerbern,
- Kostensenkung, d. h. immer wieder prüfen, ob Betriebsablauf, -verwaltung und Einsatz von Material wirtschaftlicher möglich sind,
- Streben nach Ansehen und Anerkennung (Prestige).

Die Betriebswirtschaftslehre nennt die folgenden vier betrieblichen **Aufgaben**- oder **Funktionsbereiche:** Beschaffung, Produktion, Absatz, Verwaltung. In jedem der betrieblichen Funktionsbereiche sind vom Unternehmer unterschiedliche Probleme zu bewältigen und spezielle Aufgaben zu erledigen.

Beispiel

Begriffsklärung
Der **Betrieb** ist die technisch-organisatorische Einheit (z. B. Getriebewerk); das **Unternehmen** umfasst unter Umständen mehrere Betriebe und ist damit die wirtschaftlich-finanzielle Einheit (z. B. BMW AG). Beim kleinen Handwerksbetrieb oder Händler sind Betrieb und Unternehmen identisch.

1.1 Beschaffung

Die Aufgabe der **Beschaffung** innerhalb der betrieblichen Funktionen ist die **Deckung** des gesamten Bedarfs an allen **Produktionsfaktoren** (Rohstoffe, Betriebsmittel, Arbeitskräfte) und Dienstleistungen (Steuer- oder Betriebsberatung, Schulungen), die zur betrieblichen Leistungserstellung benötigt werden.

Die **Materialbeschaffung** im Betrieb umfasst
- Bedarfsermittlung: Der Materialbedarf wird durch Kundenaufträge und Lagerbestand bestimmt.

- Bezugsquellenermittlung: Die Auswahl des bzw. der günstigsten Lieferanten erfolgt anhand von Angeboten oder Lieferantenkartei oder -datei.
- Bestellung des Materials und Materialannahme: Eingangsprüfung hinsichtlich Menge und Qualität der Sendung anhand des Lieferscheins, Quittieren des Empfangs.
- Lagerung des Materials: Fachgerechtes Sortieren und Lagern der Stoffe und Waren, verbunden mit Prüfung auf Mängel.

Die **Lager**- bzw. **Vorratshaltung** sichert dem Betrieb die regelmäßige Produktionsbereitschaft und überbrückt die Zeitspanne zwischen Lieferung, Produktion und Absatz. Darüber hinaus ermöglicht die Lagerhaltung die Ausnutzung von Preisvorteilen, z. B. durch Mengenrabatte oder Sonderangebote.

Der **optimale Lagerbestand** ist der Bestand, bei dem sämtliche für einen reibungslosen Produktionsablauf benötigten Roh-, Hilfs- und Betriebsstoffe zu den geringstmöglichen Kosten gelagert werden können.

Ein eiserner Bestand (= **Mindestbestand**) sollte für jede benötigte Rohstoff- und Warenart in jedem Betrieb gehalten werden. Seine Höhe ist abhängig von dem Bedarf, der Bestellmenge und den Lieferzeiten. Auch für unvorhergesehene Störungen bei den Lieferungen ist ein **Mindestbestand** nötig.

1.2 Produktion, Fertigungskontrolle

In kleineren Betrieben werden in der Produktion die folgenden Fertigungsverfahren praktiziert:
- **Einzelfertigung**: Bei dieser Fertigungsart stellt der Betrieb Erzeugnisse her, die in ihrer Art nur einmal, nach Maßgabe und Wünschen des jeweiligen Kunden, produziert werden, z. B. der Bau einer Haustür im Tischlerhandwerk oder die Anfertigung einer Brille im Optikerhandwerk.
- **Serienfertigung**: Serienfertigung liegt vor, wenn Erzeugnisse in begrenzter Stückzahl produziert werden, deren Herstellung relativ ähnlich ist, z. B. die Produktion von Fenstern gleicher Größe durch den Schreiner oder der Bau von gleichen Modellen durch den Modellbauer. Große Serien produzieren beispielsweise die Autohersteller.
- **Sortenfertigung**: Bei der Sortenfertigung werden aus dem gleichen Grundstoff verschiedene Sorten auf denselben Maschinen hergestellt, z. B. im Bäckerhandwerk verschiedene Brötchensorten oder im Automobilbau verschiedene Autotypen.

Die **Fertigungskontrolle** umfasst Termin- bzw. Zeitkontrolle (= Vergleich zwischen Soll-Zeit und Ist-Zeit des Auftrages), Kostenkontrolle (= Vergleich zwischen Vor- und Nachkalkulationswerten) und Qualitätskontrolle (= Kontrolle der Produktgüte nach verschiedenen Qualitätsmerkmalen).

1.3 Absatz

Absatz bezeichnet die systematische Vermarktung der Produkte, d. h. der Verkauf der Waren und Leistungen am Markt bzw. an die Kunden.

Auf **Käufermärkten** wird das Marktgeschehen weitgehend durch das Verhalten der Käufer bestimmt. Bei einer solchen Marktsituation übersteigt das Angebot die Nachfrage, die Konsumenten sind kritisch und preisbewusst und die Anbieterseite ist durch starken Wettbewerbsdruck gekennzeichnet.

Beispiel Rabattaktion der Automobilhersteller beim Neuwagenkauf.

Nahezu alle Märkte in modernen Industriegesellschaften sind durch eine Käufermarktsituation gekennzeichnet. Für einen selbstständigen Unternehmer bedeutet dies, dass der Bereich Absatz für ihn den betrieblichen Engpass (d. h. den problematischsten Aufgabenbereich) darstellt.

Marketing ist marktorientierte Unternehmensführung, d. h. die Ausrichtung aller betrieblichen Aufgabenbereiche (Beschaffung, Produktion, Absatz, Verwaltung) auf die Anforderungen und Bedürfnisse der aktuellen und der möglichen Märkte (Kunden) des Betriebes. Die Marktanalyse und die Marktbeobachtung sind Verfahren der Marktforschung.

Die **Marktanalyse** ist die systematische, in der Regel einmalige Untersuchung eines räumlich und sachlich genau abgegrenzten Marktbereichs hinsichtlich Kundenkreis, Kaufkraft und Kundenwünschen.

Die **Marktbeobachtung** ist die dauernde Erforschung bzw. Erkundung des Absatzmarktes, um z. B. Geschmacksänderungen der Käufer, Moden und Trends rechtzeitig wahrnehmen und entsprechend darauf reagieren zu können.

Vier Marketinginstrumente werden unterschieden:
- **Preispolitik**: Gestaltung der Preise, Preisnachlässe (Rabatt, Skonto) und Zahlungsregelungen
- **Produktpolitik**: Gestaltung und Qualität der Produkte und Dienstleistungen
- **Vertriebspolitik**: Festlegung der Art und Weise, wie die Leistungen und Erzeugnisse zum Kunden gelangen
- **Kommunikationspolitik**: Festlegung aller Maßnahmen wie **Werbung** und Public Relations (Öffentlichkeitsarbeit), durch die gezielt Informationen über Produkte und Leistungen an die Kundengruppen weitergegeben werden

1.4 Aufbau- und Ablauforganisation

Organisation schafft ein System von Regelungen im Betrieb, mit deren Hilfe die Produktionsfaktoren (= Arbeit, Betriebsmittel und Werkstoffe) aufeinander abgestimmt werden, damit die Betriebsziele (z. B. Gewinnerzielung, Umsatzsteigerung) bestmöglich erreicht werden.

Mithilfe der **Organisation** wird ein System von allgemeingültigen Regelungen im Betrieb für wiederkehrende, vorhersehbare Abläufe, Vorgänge oder Probleme geschaffen.

Improvisation ist eine behelfsmäßige Regelung bzw. Lösung für unerwartete Probleme oder Abläufe durch eine Einzelfallentscheidung. Da nicht sämtliche Betriebsvorgänge organisiert werden können, ergibt sich die Notwendigkeit, unerwartete, ungewöhnliche Betriebsprobleme durch Improvisation zu lösen.

Die **Aufbauorganisation** gliedert die betriebliche Gesamtaufgabe in Hauptaufgaben, Teilaufgaben und Elementaraufgaben und bestimmt die Abteilungen und Stellen, in denen diese erledigt werden. Mithilfe der Aufbauorganisation wird somit einerseits festgelegt, welche Betriebsabteilungen welche Aufgaben haben, und andererseits bestimmt, wie die Zusammenarbeit der unterschiedlichen Abteilungen und Stellen erfolgt und welche **Kompetenzen** (Zuständigkeiten) damit verbunden sind.

Der betriebliche Aufbau wird anhand eines Organisationsplanes (**Organigramm**) dargestellt.

Beispiel

Ist in einem Kfz-Handwerksbetrieb die Stelle eines Lageristen eingerichtet, so sind dieser Stelle bestimmte Aufgaben wie Annahme, Einlagerung, Pflege und Ausgabe des Materials sowie bestimmte Kompetenzen des Stelleninhabers zugeordnet.

Stellenbeschreibungen dienen sowohl den Mitarbeitern als auch der Unternehmung, da sie als Grundlage für die Bewertung der Arbeitsleistung und damit für die Entlohnung herangezogen werden können.

Als **Abteilung** bezeichnet man die Zusammenfassung mehrerer Stellen unter einer einheitlichen Leitung (Abteilungsleiter).

Beispiel

Abteilungen, die in einem Unternehmen der Automobilindustrie gebildet werden können, sind: Auftragsannahme, Motorinspektion und -reparatur, Karosseriebau, Lackiererei, Lager.

Die **Ablauforganisation** befasst sich mit der Gestaltung von Arbeitsgängen in zeitlicher und räumlicher Hinsicht, um die Arbeitsabläufe bestmöglich aufeinander abzustimmen.

Beispiel	Ablauforganisation in einer Möbelfabrik bedeutet für die Fertigung von Fenstern die Festlegung, welche Mitarbeiter mit welchen Maschinen und zu welchem Zeitpunkt das Material zuschneiden, die Profile verleimen, die Verglasung vornehmen und schließlich die Montage an der Baustelle durchführen.

1.5 Organisation der Verwaltung und Datenverarbeitung

Die **Organisation** der **Verwaltung** umfasst hauptsächlich die Bereiche Rechnungswesen, Betriebsorganisation, Finanzwirtschaft, Personalwirtschaft und Materialwirtschaft.

Zur **rationellen Abwicklung** von **Verwaltungsarbeiten** im Büro steht dem selbstständigen Handwerksmeister oder Manager eines Industriebetriebes eine Vielzahl planerischer und organisatorischer Mittel bereit: Formulare (Rechnungsformulare, Auftragsbestätigungen, Stundenlisten), Büromaschinen (Diktiergeräte, Personal Computer), Planungstafeln und -geräte (Finanzplan, Auftrags- und Fertigungspläne), Ablagesysteme (Aktenordner, Registerschränke).

Der **Einsatz von EDV** ist in allen betrieblichen Aufgabenbereichen notwendig und üblich. Einsatzgebiete sind:

- **Beschaffung**: Lagerverwaltung, Bestellung, Materialdisposition
- **Produktion**: Arbeitsvorbereitung, Kapazitätsauslastung, rechnerunterstützte Entwicklung und Konstruktion (**CAD**), Fertigung durch Maschinen, deren Bewegungsabläufe von integrierten Rechnern gesteuert werden (**CNC**), oder computerunterstützte Qualitätssicherung und Kontrolle (**CAQ**)
- **Absatz**: Elektronische Verwaltung von Verkaufslager und Kundendaten
- **Verwaltung**: Textverarbeitung (Angebote, Auftragsbestätigungen, Geschäftsbriefe, Rechnungen), Buchführung (Buchung von Zahlungseingängen, Mahnwesen, Anlagenbuchhaltung, Kennzahlen), Kostenrechnung (Kostenstellenverwaltung und Betriebsabrechnung, Kalkulation), Statistik (Periodenvergleiche, Betriebsvergleiche).

2 Kosten und betriebliche Leistungsmaßstäbe

2.1 Grundlagen der Kosten- und Erlösrechnung

Kosten entstehen, wenn **Güter** und **Dienstleistungen** für die Produktion und den Absatz der betrieblichen Erzeugnisse oder Leistungen (Rohstoffe, Abnutzung der Maschinen) **verbraucht** werden.

Sämtliche zur Erreichung des Betriebszweckes nötigen Werteverbräuche sind Kosten. Damit sind z. B. Spenden eines Betriebes an das Deutsche Rote Kreuz **keine** Kosten.

Erlöse werden grundsätzlich durch die Herstellung von Gütern oder die Erbringung von Dienstleistungen gegenüber den Kunden erwirtschaftet. Damit ist die Summe des Absatzes einer bestimmten Abrechnungsperiode (netto pro Monat) in Euro die Summe der **Erlöse** (= **Umsatz**).

Aufgaben der **Kostenrechnung**:

- **Erstellung von Kalkulationsunterlagen für die Preisfindung:**
  Durch die Ermittlung sämtlicher bei Herstellung und Absatz eines Erzeugnisses anfallenden Kosten wird der Preis ermittelt, der am Markt (bei den Kunden) erzielt werden muss, um die entstehenden Kosten zu decken (**Preisuntergrenze**).
  Wenn für ein Produkt oder eine Dienstleistung die Verkaufspreise sowie die Produktionskosten feststehen, lassen sich die Beschaffungspreise, die höchstens für das in das Produkt eingehende Material gezahlt werden können, errechnen. Das ist der **Angebotspreis**.
- **Erfolgsermittlung und Beurteilung:**
  Mithilfe der Kosten- und Erlösrechnung wird der Betriebserfolg ermittelt, indem die Kosten von den Erlösen abgezogen werden. Der Betriebserfolg wird auch als Betriebsergebnis oder Betriebsgewinn bezeichnet.

Erlöse – Kosten = Betriebsgewinn

Beispiel

Das Quartals-Ergebnis z. B. einer Tischlerei in Euro

	Gesamtbetrieb	Fenster	Türen	Tische
Erlöse	300 000,00	90 000,00	120 000,00	90 000,00
Kosten	260 000,00	80 000,00	70 000,00	110 000,00

Folgerung:
Der positive Betriebsgewinn (40 000,00 €), verursacht durch Fenster und Türen, spiegelt lediglich einen Teil des Betriebes wider, da die Tische ein negatives Betriebsergebnis ausweisen.
Diese differenzierte Erfolgsermittlung gibt dem Unternehmer die Chance, frühzeitige Fehlentwicklungen zu erkennen und geeignete Gegenmaßnahmen einzuleiten.

In größeren Unternehmen ist die Erfolgsermittlung Aufgabe des **Controllings**. Diese Abteilung sammelt nicht nur alle Daten, sondern entwickelt auch Vorschläge zur Korrektur und Steuerung der Zielvorgaben des Unternehmens. Sie ist als **Stabsstelle** der Unternehmensführung zugeordnet.

2.2 Analyse von Bilanz- und Erfolgsrechnung

Neben den **Kosten** und **Erlösen** sind für einen Unternehmer auch Zahlen wichtig, die aus der **Bilanz** (= Gegenüberstellung von Kapital und Vermögen) und aus der **Gewinn- und Verlustrechnung** (= Gegenüberstellung von Erlösen und Aufwendungen) ermittelt werden. Dazu gehören unter anderem:

- Die Rentabilität des Eigenkapitals, d. h., lohnt es sich, mein eigenes Geld in mein Unternehmen einzubringen oder sollte ich es bei den Bank anlegen? Diese sogenannte **Eigenkapitalrentabilität** (= Gewinn · 100 : Eigenkapital) sollte deutlich über den Bankzinssätzen liegen.
- Der **Cashflow** ist der finanzielle Überschuss aus den laufenden Tätigkeiten des Unternehmens. Er setzt sich hauptsächlich zusammen aus dem Gewinn und den Abschreibungen für Anlagegüter und gibt einen Überblick über die Selbstfinanzierungskraft und Investitionsstärke des Unternehmens.
- Die Erlöse müssen die Kosten übersteigen. Nur dann ist **Wirtschaftlichkeit** gegeben.
- Auch sollte das Eigenkapitel in etwa der Höhe des Fremdkapitals (Darlehen) entsprechen (= Eigenkapitalquote).

Ein Unternehmen muss zahlungsfähig sein, um überleben zu können. Diese als **Liquidität** bezeichnete Kennzahl sollte mit den flüssigen Mitteln (Bank und Kasse) und den Forderungen gegenüber Kunden größer sein als die kurzfristigen Schulden gegenüber Banken und Lieferanten. Nur dann ist ein Unternehmen zahlungsfähig oder liquide. Ansonsten liegt Zahlungsunfähigkeit oder **Illiquidität** vor und das Unternehmen muss Insolvenz beim Amtsgericht anmelden.

2.3 Rechtsformen an Beispielen

Die Formen, unter denen ein oder mehrere Kaufleute ihre Geschäfte betreiben und in der Öffentlichkeit auftreten, werden als **Rechtsformen** bezeichnet.

Neben der Einzelunternehmung werden Personengesellschaften (OHG, KG, GmbH & Co. KG), Kapitalgesellschaften (GmbH, Aktiengesellschaft = AG) und Genossenschaften (Genossenschaftsbanken, Raiffeisen, Einkaufsgenossenschaften wie Edeka) unterschieden.

In **Einzelunternehmungen** wird das betriebsnotwendige Kapital von einer Person (Eigentümer = Unternehmer) aufgebracht, die das alleinige Risiko trägt und den gesamten Gewinn erhält. Investitions- und Produktionsentscheidungen werden nur vom Eigentümer gefällt.

Beispiel

Ein Unternehmer, der seinen Metallbaubetrieb in der Rechtsform der Einzelunternehmung betreibt, haftet mit seinem kompletten Vermögen für Verbindlichkeiten des Betriebes, trägt Verluste allein, erhält aber andererseits im Erfolgsfall den gesamten Gewinn. Entscheidungen über den Kauf von Maschinen und die Annahme von Kundenaufträgen werden nur von ihm getroffen.

Die **offene Handelsgesellschaft (OHG)** ist als **Personengesellschaft** ein Zusammenschluss von mindestens zwei Personen zum Betrieb eines Handelsgewerbes unter gemeinsamen Namen (**Firma**). Alle OHG-Gesellschafter haben gleiche Rechte und Pflichten. Sie **haften** für Verbindlichkeiten der Gesellschaft unmittelbar, unbeschränkt (mit Privat- und Geschäftsvermögen) und solidarisch (ein Gesellschafter für alle Gesellschaftsschulden). Für die OHG ist eine Handelsregistereintragung beim Amtsgericht erforderlich (Abteilung A).

Die **Gewinnverteilung** laut **Handelsgesetzbuch** (HGB) beträgt vorab 4 % des Gewinns berechnet auf die Einlage jedes Gesellschafters und der Restgewinn wird auf alle Gesellschafter zu gleichen Teilen verteilt. Vertraglich ist jede andere Regelung möglich und auch üblich.

Die **Kommanditgesellschaft (KG)** ist eine **Personengesellschaft**, die von mindestens zwei Gesellschaftern gegründet werden muss. Ein Gesellschafter haftet dabei mit seinem gesamten Privat- und Geschäftsvermögen (= **Komplementär**), der andere nur mit seiner Kapitaleinlage (= **Kommanditist**). Die Geschäftsführung der KG wird vom Komplementär übernommen, der Kommanditist hat jedoch ein Einsichtsrecht in die Geschäftsbücher. Die Gründe, welche eine **KG** auch für kleine Betriebe interessant machen, liegen einerseits in der Eignung dieser Rechtsform als **Familiengesellschaft** (z. B. Handwerksmeister wird Komplementär und Ehefrau sowie Kinder werden Kommanditisten mit Gewinnberechtigung), andererseits in der Möglichkeit der Aufnahme neuer Kommanditisten (z. B. langjährige, qualifizierte Mitarbeiter) zur Erhöhung des Gesellschaftskapitals, ohne dass die Geschäftsführungsbefugnis des Komplementärs berührt wird.

Die **GmbH** ist eine **Kapitalgesellschaft**, deren Gesellschafter nur mit ihrer Einlage für Schulden der Gesellschaft haften. Die Gründung erfolgt durch einen notariell beurkundeten Vertrag mit mindestens einem Gesellschafter (Ein-Mann-GmbH), das Stammkapital beträgt mindestens 25 000,00 € und die Stammeinlage jedes Gesellschafters mindestens 100,00 €.

Seit November 2008 ist auch die Gründung einer sogenannten „Unternehmergesellschaft" mit 1,00 € möglich, wobei Gewinne solange im Unternehmen verbleiben müssen, bis die 25 000,00 € erreicht sind. Die Gesellschaft ist ins Handelsregister Abteilung B einzutragen und wird durch die Organe Geschäftsführer, Aufsichtsrat (erst ab 500 Beschäftigten erforderlich) und Gesellschafterversammlung vertreten. Jeder Gesellschafter hat ein Recht auf einen Anteil am Gewinn, der gemäß der Satzung der GmbH verteilt wird.

Einer der größten **Vorteile** der **GmbH** liegt in der Beschränkung der Haftung auf das Gesellschaftsvermögen, sodass der Unternehmer nicht mit seinem Privatvermögen für Gesellschafts- bzw. Geschäftsschulden haftet. Als angestellter **Geschäftsführer** „seines" Unternehmens bezieht der Unternehmer außerdem ein Gehalt.

Die in Deutschland bekannteste ausländische Rechtsform ist die britische **Limited (Ltd)**. Die Limited ist der GmbH rechtlich und steuerlich sehr ähnlich: Wie bei der GmbH haften die Gesellschafter nur mit ihrem Geschäftsvermögen, das Stammkapital beträgt mindestens ein englisches Pfund. Die Gründungskosten wie die vertragliche Gestaltung und Eintragung in das britische Handelsregister sind in England sehr günstig.

2.4 Wirtschaftliche Verflechtungen

Eine **Kooperation** ist die freiwillige Zusammenarbeit von Unternehmungen, die ihre rechtliche Selbstständigkeit behalten.

Möglichkeiten für Kooperationen in Unternehmen bestehen in sämtlichen betrieblichen Aufgabenbereichen, z. B. durch eine gemeinsame Materialbeschaffung, die gemeinsame Nutzung technischer Anlagen und Maschinen sowie die gemeinschaftliche Durchführung eines größeren Auftrages.

Gründe, die für Kooperationen sprechen, sind im Wesentlichen die Verbesserung der Wettbewerbsfähigkeit, der Produktionsbedingungen, eine Risikoverteilung und Steigerung der wirtschaftlichen Leistung bzw. Kostensenkung. Bei einer **Fusion** schließen sich bislang eigenständige Unternehmen zu einem wirtschaftlich und rechtlich einheitlichen Unternehmen zusammen.

Das **Kartellgesetz**, das einen geregelten Wettbewerb sichern und damit **marktbeherrschende Unternehmen** verhindern soll, verbietet grundsätzlich wettbewerbsbeschränkende Vereinbarungen. Dazu prüft das **Bundeskartellamt**, das dem Bundeswirtschaftsminister untersteht, Zusammenschlüsse von **Großunternehmen**; es kann diese zulassen oder verbieten. Die Unternehmen können dagegen klagen. Verboten sind z. B. Preisabsprachen.

Auch das EU-Recht beinhaltet Kartellgesetze; überwachendes Organ ist das **Europäische Kartellamt**.

3 Rolle der Verbraucher und Konsumgewohnheiten

3.1 Bedürfnisse, Bedarf, Kaufkraft, Wirtschaften

Nach der Dringlichkeit unterscheidet man die folgenden **Bedürfnisse** eines Menschen:
- **Existenzbedürfnisse** sind Bedürfnisse, die befriedigt werden müssen, damit der Mensch sein Überleben sichern kann, z. B. Nahrung und Bekleidung.
- **Kulturbedürfnisse** sind Bedürfnisse des Menschen, die er als geistiges Wesen empfindet, z. B. Bildung oder Unterhaltung jeder Art.

- **Luxusbedürfnisse** des Menschen, wie z. B. exklusive Autos, eine Segeljacht; sie müssen nicht zwingend befriedigt werden.

Nach der Art der Bedürfnisbefriedigung unterscheidet man:

- **Individualbedürfnisse**: Dies sind Bedürfnisse des einzelnen Menschen, die er für sich selber befriedigen kann, z. B. essen, lesen, Auto fahren.
- **Kollektivbedürfnisse**: Diese sind Notwendigkeiten oder Wunschvorstellungen, die viele empfinden und für diese gelten, z. B. Umweltschutz, Gesundheitspolitik, Bahn fahren.

Bedarf ist der Teil der Bedürfnisse, den der Mensch mit seinen finanziellen Mitteln (**Kaufkraft**) befriedigen kann. **Nachfrage** liegt vor, wenn der Bedarf am Markt wirksam wird, d. h., wenn gekauft wird.

Die **Mittel zur Befriedigung** der Bedürfnisse sind **wirtschaftliche Güter**. Wirtschaftliche Güter sind knapp, d. h. nicht unbegrenzt vorhanden, und ihre Produktion verursacht Kosten, sodass wirtschaftliche Güter einen **Preis** haben. Zu unterscheiden ist zwischen:

- **Sachgütern**, d. h. materiellen Gütern wie Produktionsgütern (Maschinen), Konsumgütern (Kücheneinrichtung), Verbrauchsgütern (Schmieröl im Betrieb, Waschpulver im Haushalt).
- **Dienstleistungen**, d. h. immaterielle Gütern wie Bankleistungen oder Versicherungen.
- **Rechten**, d. h. immateriellen Gütern, die dem Inhaber gewisse Ansprüche oder Berechtigungen sichern, wie Patente oder Lizenzen.

Im Gegensatz zu den knappen (wirtschaftlichen) Gütern stehen **freie Güter**. Diese sind im Überfluss vorhanden (Meeressand, Luft) und kosten deshalb grundsätzlich kein Geld.

Wirtschaftliches Handeln muss aufgrund der Güterknappheit einerseits und der prinzipiell grenzenlosen Bedürfnisse andererseits nach bestimmten Grundsätzen erfolgen. Unterschieden wird zwischen dem Minimalprinzip (auch als Sparprinzip bezeichnet) und dem Maximal-Prinzip:

- Nach dem **Minimal-Prinzip** wird versucht, ein vorgegebenes Ziel unter Einsatz minimaler Mittel zu erreichen, z. B. möglichst kostengünstiger Einkauf einer bestimmten Menge.
- Beim Wirtschaften nach dem **Maximal-Prinzip** soll mit vorgegebenen Mitteln ein maximaler Erfolg erzielt werden, z. B. versucht ein Haushalt mit dem zur Verfügung stehenden Haushaltsgeld die Wünsche der Familie alle zufrieden zu stellen.

3.2 Haushaltsplan und Überschuldung

Gelingt es den Menschen nicht, so zu wirtschaften, dass sie mit ihren **Einnahmen** auskommen, sondern haben sie regelmäßig mehr **Ausgaben**, spricht man von Überschuldung. Die Folge kann dann sein, dass diese Menschen und ihre Familien aus dem „normalen" gesellschaftlichen Leben ausscheiden und nur noch eine staatlich gestützte Existenz führen (**Hartz IV**). Oft hilft dann nur die Einschaltung der **Schuldnerberatung** der Stadt, des Landkreises oder freier Träger (Kirchen). Diese Beratung ist in der Regel kostenlos. Auch die sogenannte Privatinsolvenz gegenüber dem Amtsgericht kann eine Lösung sein, um der Schuldenlast anfänglich zu entgehen.

Mit einem **Haushaltsplan** lassen sich über einen bestimmten Zeitraum, z. B. einen Monat oder ein Jahr, alle Einnahmen und Ausgaben planen, z. B. für Lebensmittel, Miete, Auto, Versicherungen und Freizeit, um eine Verschuldung zu vermeiden.

Einen klaren Überblick über die tatsächlich getätigten **Einnahmen** (Gehälter, Zinsen) sowie festen (Miete, Versicherungsbeträge) und veränderlichen **Ausgaben** (Lebensmittel, Kleidung, Auto, Freizeit) gibt ein **Haushaltsbuch**.

3.3 Kaufvertrag mit Störungen und Verbraucherrechte

Alle **Verträge** müssen von mindestens zwei Vertragspartnern abgeschlossen werden, deren Willenserklärungen übereinstimmen.

Es gibt zwei Möglichkeiten, wie ein **Kaufvertrag** zustande kommen kann:

1 Der **Verkäufer** macht ein **Angebot**, das der **Käufer** annimmt, indem er zu den Bedingungen des Angebots bestellt.
2 Der **Käufer bestellt** eine Ware, ohne ein Angebot vorliegen zu haben, der **Verkäufer** muss diese Bestellung entweder ausliefern oder **bestätigen** (Auftragsbestätigung). Reagiert er nicht, kommt kein Kaufvertrag zustande.

Jugendliche dürfen **Geschenke** auch ohne Zustimmung der Eltern annehmen (Schenkung ist ein Vertrag! § 107 BGB) und Kaufverträge mit dem ihnen **zur Verfügung** gestellten Geld abschließen, wobei **Barzahlung** Bedingung ist (§ 110 BGB). Damit ist ein Ratenkauf ausgeschlossen.

Ein 18-jähriger Käufer ist volljährig und somit voll geschäftsfähig. Eltern haften nur, wenn sie sich bei Vertragsabschluss (schriftlich) als Bürge in die Pflicht nehmen ließen.

Verträge können **schriftlich**, d. h. per Brief, Fax, E-Mail, erfolgen oder **mündlich** (auch telefonisch) und durch „**konkludentes Handeln**", d. h. nicken, Hand heben, handeln (= Willenserklärung), abgeschlossen werden.

Genügt **eine Willenserklärung** für eine rechtliche Handlung, dann spricht man von einem **einseitigen Rechtsgeschäft**.

Beispiel

- **Testament:** Dieses gilt, wenn der Erblasser es formgerecht erstellt hat.
- **Kündigung:** Diese gilt erst dann, wenn sie dem zu Kündigenden zugegangen ist. Deswegen wird in der Regel ein Einschreiben mit Rückschein oder Übergabe-Einschreiben verwendet, um die Kündigung eines Arbeits- oder Mietverhältnisses beweisen zu können.

Sind **zwei Willenserklärungen** zum Zustandekommen eines Rechtsgeschäfts nötig, spricht man von einem **zweiseitigen Rechtsgeschäft**. Das gilt für alle Verträge.

Besitz und Eigentum

Besitz ist die tatsächliche Herrschaft über eine Sache, **Eigentum** ist die rechtliche Herrschaft über eine Sache.

Beispiel 1	Wenn ich das Auto meines Vaters fahre, bin ich der Besitzer und mein Vater ist der Eigentümer.

Beispiel 2	Wenn ich mein Haus vermiete, bleibe ich der Eigentümer, der Mieter ist der Besitzer.

Pflichten von Verkäufer und Käufer

Jeder **Kaufvertrag** beinhaltet für beide Parteien Pflichten (**Verpflichtungsgeschäft**), die jede Partei auch erfüllen muss (**Erfüllungsgeschäft**).

- Der **Verkäufer** ist verpflichtet, dem Käufer die Sache rechtzeitig und mangelfrei zu übergeben **und** diesem das Eigentum an der Sache zu verschaffen. Ein Dieb kann somit – rechtlich gesehen – keine Ware verkaufen, denn er ist nicht der Eigentümer.
- Der **Käufer** ist **verpflichtet**, die Sache abzunehmen **und** den vereinbarten Kaufpreis zu zahlen.

Um zu einem Vertrag zu gelangen, muss die **Annahme** des **Angebots**

- unter **Anwesenden** (auch am Telefon) **sofort** erfolgen,
- unter **Abwesenden** in einem Zeitraum erfolgen, bis zu dem unter normalen Umständen mit einer Antwort zu rechnen ist, z. B. bei einem Brief eine knappe Woche, beim Fax oder bei einer E-Mail am gleichen Tag – rein rechtlich gesehen.

Im Grundsatz ist das Angebot fest, es sei denn

- der Verkäufer **widerruft** rechtzeitig (spätestens mit Eintreffen des Angebots beim Kunden muss der Widerruf da sein),
- die Bestellung weicht vom Angebot ab und/oder der Kunde bestellt zu spät.

Diese letzten Willenserklärungen des Kunden stellen **neue Anträge** dar, die der Verkäufer annehmen oder auch nicht annehmen kann.

Freizeichnungsklauseln heben die Bindung an das Angebot auf oder schränken es ein, z. B. durch Klauseln, wie „Preiserhöhungen vorbehalten", „solange der Vorrat reicht", „Angebot unverbindlich".

Mit einer **Anfrage** lässt sich ein Kunde über Preise, Lieferbedingungen usw. informieren. Die Anfrage ist **rechtlich** immer **unverbindlich.**

Regeln für **Teilzahlungsgeschäfte** (früher: **Abzahlungs- oder Ratenkäufe**):

- Sie müssen schriftlich abgeschlossen werden.
- Sie müssen den Barzahlungspreis, Teilzahlungspreis, effektiven Jahreszins, Ratenzahlungen usw. enthalten.
- Bei diesen Verträgen kann der Kunde **innerhalb von zwei Wochen** schriftlich – ohne Angabe von Gründen – von dem Vertrag zurücktreten.
- Jeder **Kunde** muss über das **Widerrufsrecht belehrt** und dieses auch schriftlich zur Kenntnis genommen haben. Geschieht dies nicht, kann der Kunde innerhalb von sechs Monaten nach Vertragsabschluss widerrufen.
- Das zustände Gericht für Klagen ist ausschließlich dasjenige am Wohnsitz des Kunden.

Umgang mit unbestellter Ware

Wird einem Empfänger **unbestellte Ware** zugesendet, ist dies ein **Angebot**. Zahlt oder nutzt er die Ware, so kommt der Kaufvertrag zustande.

Handelt es sich bei den Empfängern um Privatpersonen oder Kaufleute ohne bestehende Geschäftsverbindung, so ist **kein Kaufvertrag** zustande gekommen. Ein Empfänger ist dann höchstens verpflichtet, die Ware aufzubewahren (**nicht** aber, diese zurückzusenden oder zu bezahlen).

Inhalte von Angeboten

Welche **Inhalte** enthält üblicherweise ein **Angebot**?

1. **Art** (Bezeichnung der Ware), **Güte** und **Beschaffenheit und Menge** der Ware. Ohne Vereinbarung: Mittlere Art und Güte ist zu liefern.
2. **Preis**, inklusive Nachlässe wie Rabatt, Skonto
3. Angabe über mögliche **Verpackungskosten**
4. **Zahlungsbedingungen**: Anzahlung, Barzahlung
5. **Lieferungsbedingungen** (Wer trägt die Frachtkosten?)
6. **Lieferzeit**: Ist nichts vereinbart, ist die Lieferung sofort fällig.
7. **Erfüllungsort** (= Wer haftet bei Lieferung, wenn diese auf dem Weg zum Kunden zerstört wird?) und **Gerichtsstand** (Für den Verbraucher ist der Gerichtsstand einer Klage immer an seinem Wohnort.)

Mängel

Nach dem BGB (§ 434) ist die Sache frei von **Sachmängeln**, wenn sie

- die vereinbarte **Beschaffenheit** aufweist oder wenn sie sich für die vereinbarte und erwartete **Verwendung** eignet und üblich ist.

Beispiel Ein neues Fernsehgerät muss funktionieren, ein Waschmittel muss Verschmutzungen mittlerer Stärke entfernen, ein neues Auto muss ohne Reparaturen etliche 10000 km hinter sich bringen.

- den **Eigenschaften** entspricht, die in der Werbung veröffentlicht wurden und die der Käufer erwarten kann.

Beispiel Ein Hersteller wirbt für ein Vier-Liter-Auto.Wenn das Fahrzeug stattdessen sieben Liter verbraucht, liegt ein Sachmangel vor.

Ein Sachmangel liegt auch vor, wenn eine **vereinbarte Montage** unsachgemäß durchgeführt wurde oder wenn eine **mangelhafte Montageanleitung** (die sogenannte IKEA-Klausel) dazu führt, dass die gekaufte Sache sich nicht sachgerecht nutzen lässt.

Gesetzliche Gewährleistungsfristen

- In der (zweijährigen) **Gewährleistungsfrist** ändert sich nach dem ersten halben Jahr die Beweislast (**Beweislastumkehr**) beim **Verbrauchsgüterkauf** (Privatkunde bei Händler/ Handwerker): Während in den ersten sechs Monaten nach Kauf davon ausgegangen wird, dass das Produkt von Anfang an fehlerhaft war, ist nach diesem Zeitraum der Kunde verpflichtet, zu beweisen, dass der gerügte Mangel schon zum Kaufzeitpunkt vorlag. Diese gesetzliche Frist kann **nicht** verkürzt werden. Die Frist gilt auch für **Reparaturarbeiten**, während für **gebrauchte Sachen** der Händler mindestens ein Jahr Gewährleistung geben muss.
- Die **Gewährleistungsfrist** für **Baumaterialien/Bauteile** beträgt **fünf Jahre**, auch zwischen Händler/Handwerker und Hersteller.

Beispiel Ein Handwerker kann für eingebaute Fenster, die der Kunde nach drei Jahren wegen Mängeln reklamiert, den Aufwand der Beseitigung des Mangels vom Hersteller einfordern, wenn der Mangel schon bei Lieferung vorhanden war (= **Unternehmerrückgriff**).

Private Käufer einer mangelhaften Sache (**Verbrauchsgüterkauf**) haben nach dem BGB folgende **Gewährleistungsrechte** gegenüber Händler oder Handwerker:

- Recht auf **Nacherfüllung**, d. h., der Käufer kann nach seiner Wahl **Nachbesserung** (Reparatur; Faustformel: **zwei** Nachbesserungsversuche) oder eine **Ersatzlieferung** verlangen; bleibt dieses ohne Erfolg, dann:
- Recht auf **Rücktritt vom Kauf** gegen Rückgabe des Kaufpreises oder **Preisnachlass (Minderung)**, d. h. Herabsetzung des Kaufpreises.

- Recht auf **Schadenersatz bzw. Ersatz vergeblicher Aufwendungen**: Wenn der Käufer sich nach Ablauf einer dem Lieferanten gesetzten Frist zur Nacherfüllung eine Sache beschafft, die mehr kostet als die beim ursprünglichen Verkäufer bzw. diese selbst repariert oder reparieren lässt, hat der Verkäufer diese Kosten zu tragen. Auch Schäden aus mangelhafter Lieferung sind schadenersatzpflichtig.

Garantie und gesetzliche Gewährleistung im Vergleich

Treten innerhalb einer bestimmten Frist Schäden auf, garantiert der Hersteller kostenlose Nachbesserung, aber normalerweise weder Preisminderung noch Rücktritt vom Vertrag (**Garantie** = freiwillige Leistung des Herstellers).

Die **Sachmängelhaftung** des BGB geht über die Garantie hinaus. Dabei kann der Kunde, z. B. beim Fehlschlagen einer Reparatur, vom Vertrag zurücktreten. Darauf muss der Verkäufer in seinen Garantiebedingungen ausdrücklich hinweisen. Nimmt der Käufer Garantie in Anspruch, dann bleibt die **Beweislast** die gesamte Laufzeit beim Verkäufer.

Privatleute untereinander können Gewährleistungsrechte ausschließen!

Schließen **zwei Kaufleute** einen **Kaufvertrag**, ist der Kauf für beide Vertragspartner ein Handelsgeschäft (**zweiseitiger Handelskauf**) und es gelten ergänzend zum allgemeinen Kaufrecht folgende Regelungen nach dem **Handelsgesetzbuch (HGB)**:

- Der Käufer hat die Sache unverzüglich nach Erhalt zu untersuchen (stichprobenartige **Prüfungspflicht**) und wenn sich ein Mangel zeigt, diesen dem Verkäufer unverzüglich anzuzeigen (**Rügepflicht**).
- Unterbleibt dies, gilt die Sache als genehmigt, es sei denn, es liegt ein **versteckter Mangel** vor: Dieser ist unverzüglich nach seiner Entdeckung geltend zu machen, spätestens innerhalb von zwei Jahren.
- Der Käufer muss die beanstandete Sache einstweilig aufbewahren (**Aufbewahrungspflicht**). Bei verderblicher Sache kann der Käufer ohne vorherige Androhung diese z. B. öffentlich versteigern lassen.

Die **allgemeinen Geschäftsbedingungen (AGB)** sind für eine Vielzahl von **Verträgen** vorformulierte Vertragsbedingungen, die dem Käufer vom Verkäufer einseitig auferlegt werden. Danach gehört das „**Kleingedruckte**" nur dann zum Vertrag, wenn

- der **Käufer** ausdrücklich auf die AGB **hingewiesen** wurde (Hinweis auf der Vorderseite des Vertrages oder durch deutlich sichtbaren Aushang am Ort des Vertragsabschlusses),
- der **Käufer** in zumutbarer Weise (gilt auch für Menschen mit Behinderungen) von ihrem Inhalt **Kenntnis** nehmen kann,
- die AGB normal **lesbar** und **verständlich** sind und
- der Käufer mit den AGB einverstanden ist.

Beispiele

- Beim Kauf einer Heizungsanlage darf nicht automatisch ein Wartungsvertrag eingeschlossen sein.
- Ein Nachbesserungsvorbehalt in den AGB eines Möbelhauses kann beinhalten, dass die bestellten Möbel bei Fehlern nachgebessert werden. Die Nachbesserung darf später allerdings nicht sichtbar sein. Ansonsten müssen die Neulieferung, der Rücktritt vom Vertrag mit Rückaustausch der Leistungen ebenso möglich sein wie eine Minderung des Preises.

Eine vertraglich geregelte Form des Schadensersatzes ist die **Konventionalstrafe**. Darunter ist eine Geldsumme zu verstehen, die der Schuldner (Lieferer) dem Gläubiger (Käufer) zu zahlen hat, wenn er seine vertraglichen Verpflichtungen nicht zeitgerecht erfüllt.

Beispiele

Bauunternehmen müssen bei vertraglichen Verzögerungen pro Tag eine bestimmte Geldsumme zahlen.

Zahlungsverzug

Der **Schuldner** einer **Geldforderung** kommt spätestens **in Verzug**, wenn er nicht **innerhalb von 30 Tagen** nach Fälligkeit und Zugang einer Rechnung oder Forderungsaufstellung zahlt. Diese Regelung gilt gegenüber einem **Verbraucher** nur, wenn der Kunde auf die Tatsache in der Rechnung besonders hingewiesen wurde (§ 286 Abs. 3 BGB).

Folgen sind:

- Der Gläubiger kann beim **einseitigen Handelskauf oder bürgerlichen Kauf** (Privat an Privat) ohne Nachweis eines konkreten Schadens einen **Zinssatz** von **5 %** über dem Basiszinssatz der Europäischen Zentralbank (EZB) ansetzen (2018 beträgt der Basiszinssatz 0,25 %).

  Beispiele

  Ein Schreinermeister schickt seinem Kunden eine Rechnung „zahlbar sofort". Geht nach zwei Wochen kein Geld bei ihm ein, schickt er dem Kunden entweder eine Mahnung mit einer Frist von einer Woche oder er wartet die 30 Tage nach Zugang der Rechnung ab. In beiden Fällen gerät der Kunde nach Ablauf der Frist (nach 21 bzw. 30 Tagen) in Verzug.

- Beim **zweiseitigen Handelskauf** (Unternehmen und Unternehmen) kann ein Verzugszins von **8 %** über dem Basiszinssatz erhoben werden. Neben der Forderung eines **pauschalen Zinssatzes** kann der Gläubiger auch einen höheren Zinssatz verlangen, wenn er diesen nachweisen kann, z. B. einen höheren Soll-Zinssatz der Bank des Gläubigers.

Verjährung

Eine Forderung ist **verjährt**, wenn diese gerichtlich nicht mehr eingeklagt werden kann. Der Schuldner kann dann die **Einrede der Verjährung** geltend machen, d. h., er hat das Recht, die Zahlung zu verweigern. Der Anspruch des Gläubigers bleibt allerdings bestehen. Zahlt der Schuldner in Unkenntnis der Verjährung, so kann er den Betrag dann nicht mehr zurückfordern.

Die **regelmäßige Verjährungsfrist** für Lohnforderungen, Zahlungen aus Kaufverträgen sowie Mieten beträgt **drei** (volle) **Jahre**. Sie beginnt mit dem Ende des Jahres, in dem der Anspruch entstanden ist.

Beispiel	Entsendung der Rechnung am 20.08.2018 – Verjährung ab 01.01.2022

3.4 Weitere Verträge: Dienst-, Werk-, Miet- und Pachtvertrag, Leasing, Bürgschaft

Unterscheidung Dienst- und Werkvertrag

Beim **Dienstvertrag** (meist in Form eines Arbeitsvertrages, aber auch der Behandlungsvertrag des Arztes ist ein Dienstvertrag) verpflichtet sich der Arbeitnehmer zur Dienstleistung, der Arbeitgeber zur Vergütung dieser Dienste (§ 611 ff. BGB). Ein **Dienstvertrag** ist **nicht erfolgsbezogen**, der Arbeitnehmer hat immer einen Anspruch auf Vergütung.

Beim **Werkvertrag** (§ 631 ff. BGB) wird der Unternehmer zur Herstellung oder Veränderung eines versprochenen „Werkes“ (z. B. Autoreparatur in der Werkstatt), der Besteller zur Zahlung verpflichtet. Der **Werkvertrag** ist immer **erfolgsbezogen**, d. h., funktioniert der Motor nach der Reparatur nicht, muss auch nicht bezahlt werden.

Besonderheiten beim Werkvertrag

Bei einem Werkvertrag kann es um die Herstellung oder Veränderung einer Sache gehen, aber auch um eine Dienstleistung, wie z. B. die Beförderung von Gütern oder die Planung und Bauüberwachung durch einen Architekten; dabei ist der **Erfolg** herbeizuführen. Der **Unternehmer** ist verpflichtet, das Werk so herzustellen, dass es die vereinbarte Beschaffenheit hat. Ist das Werk nicht von dieser Beschaffenheit, kann der Besteller die Beseitigung des Mangels verlangen.

Mietvertrag und Pachtvertrag

Der **Mietvertrag** beinhaltet die Überlassung von Sachen auf Zeit, die gegen Entgelt genutzt werden. Nach Beendigung des Mietverhältnisses muss die gemietete Sache zurückgegeben werden. Vertragspartner sind Vermieter und Mieter (§ 535 ff. BGB).

Der **Pachtvertrag** geht weiter als der Mietvertrag. Er umfasst die Überlassung von Sachen **zum Gebrauch und zur Nutzung** gegen Entgelt (Ackerfläche, Gastwirtschaft). Der Pächter darf den Ertrag nutzen, muss allerdings den gepachteten Gegenstand nach Beendigung der Pachtlaufzeit zurückgeben.

Leasing

Leasing liegt vor, wenn Anlagen (Fabriken, Hallen), Investitionsgüter (Maschinen, Fahrzeuge) oder Fahrzeuge durch Hersteller (**direktes Leasing**) oder durch spezielle Leasing-Gesellschaften (**Leasing-Geber = indirektes Leasing**) vermietet werden.

Der **Leasing-Nehmer** (Nutzer) hat folgende Vorteile:

- Keine hohen Anschaffungskosten, die Kapital binden.
- Keine Überalterung von Anlagen, da eine regelmäßige Erneuerung Teil eines guten Vertrages ist.
- Die zu zahlenden monatlichen Raten (**Leasingraten**) sind für einen Unternehmer steuerlich absetzbar und über den Umsatz zu verdienen.

Bürgschaft

Bei einer Bürgschaft handelt es sich um einen Vertrag, der zwischen dem Gläubiger eines Kreditvertrages und dem Bürgen, der für die Erfüllung der Schulden des Dritten einzustehen hat, abgeschlossen wird. Bei der **Ausfallbürgschaft** (schriftlich!) muss der Bürge erst dann zahlen, wenn der Schuldner nicht zahlen kann und dadurch ein Ausfall eingetreten ist. Der Gläubiger muss aber belegen können, dass er durch Zwangsvollstreckung in das gesamte Vermögen des Schuldners seine Forderungen nicht befriedigen konnte (Recht der „Einrede der Vorausklage", § 771 BGB).

Bei der **selbstschuldnerischen Bürgschaft** haftet der Bürge wie der Schuldner selbst. Der Gläubiger kann bei Nichtzahlung des Schuldners sofort den Bürgen für die Zahlungen heranziehen. Kaufleute können sich nur selbstschuldnerisch verbürgen, auch mündlich. Banken verlangen meist die selbstschuldnerische Bürgschaft.

3.5 Rechtliche Durchsetzung von Geldansprüchen, Insolvenz

Das **Amtsgericht** kann zur Durchsetzung von Forderungen genutzt werden durch

- das **gerichtliche Mahnverfahren**, das mit dem Mahnbescheid beginnt, den Vollstreckungsbescheid umfasst und bis zur Zwangsvollstreckung (Pfändung) reichen kann.
- das **Klageverfahren**, bei dem der Gläubiger sofort die Gerichtsverhandlung beantragt.

Der Gläubiger benutzt den **Mahnbescheid**, um einen über längere Zeit säumigen Schuldner zur Zahlung zu veranlassen. Der Gläubiger besorgt sich dazu im Schreibwarengeschäft oder im Internet einen Vordruck, füllt diesen aus (Parteien, zuständiges Gericht, Forderungen, Unterschrift) und reicht ihn bei seinem **Amtsgericht** (immer Amtsgericht!) ein, in dem Bezirk, in dem er seinen Wohn- oder Firmensitz hat.

Das Amtsgericht stellt den Mahnbescheid dem Schuldner zu, ohne den Anspruch zu prüfen. Die Kosten der Zustellung hat der Gläubiger zu zahlen.

Bei der **Zwangsvollstreckung** hilft der Staat dem Gläubiger, seine gerichtlich festgestellten Ansprüche durchzusetzen. Der Antrag geht dabei immer vom **Gläubiger** aus. Der **Gerichtsvollzieher** führt das Verfahren durch.

Die Zwangsvollstreckung kann erfolgen
- in das bewegliche Vermögen des Schuldners (**Pfändung**),
- in das unbewegliche Vermögen, z. B. Grundstücke,
- in Forderungen und Rechte, z. B. Patente, Löhne/Gehälter (**Lohnpfändung**: dabei sind ca. 1 200,00 € bei einer Person nicht pfändbar), wenn ein P-Konto durch den Schuldner bei der Hausbank beantragt ist.

Klage einreichen bei Gericht

In der **Klageschrift** stellt der Gläubiger (Kläger) seinen Anspruch gegen den Schuldner (Beklagter) dar; Inhalt: Parteien, Grund der Klage, Streitwert.

Örtlich zuständig ist das Gericht, in dessen Bezirk der Schuldner seinen Wohn- oder Firmensitz hat. Kaufleute untereinander können sich vertraglich auf einen Gerichtsstand einigen.

Sachlich zuständig ist das **Amtsgericht** beim Streitwert bis 5 000,00 € (ohne Anwaltszwang), ab 5 000,00 € das **Landgericht** (mit Anwaltszwang).

Insolvenz

Die **Insolvenzordnung** soll den in Zahlungsschwierigkeiten geratenen Privathaushalten wie Unternehmen Chancen zur Entschuldung geben.

Durch die Einleitung eines **Insolvenzverfahrens** soll durch die Aufstellung eines **Insolvenzplans** die Fortführung des Unternehmens ermöglicht (**Sanierung**) oder das Vermögen des Schuldners **gemeinschaftlich** (durch alle Gläubiger!) verwertet und der Erlös verteilt werden.

Der **Insolvenzantrag** kann durch Gläubiger oder durch den Schuldner selbst beim **Insolvenzgericht** (grundsätzlich immer Amtsgericht) gestellt werden, wenn Zahlungsunfähigkeit vorliegt.

Beim **Verbraucherinsolvenzverfahren** muss der Schuldner zuerst versucht haben, sich mit seinen Gläubigern **außergerichtlich** über einen **Plan** zur **Schuldenbereinigung** geeinigt haben. Ist der Versuch innerhalb von sechs Monaten erfolglos geblieben, muss der Schuldner nach Beantragung des Verfahrens **Restschuldbefreiung** beantragen, ein **Verzeichnis** seines Vermögens und seines Einkommens vorlegen und einen **Schuldenbereinigungsplan** (er muss Schulden abarbeiten wollen!) aufstellen. Das Gericht stellt diese Unterlagen den Gläubigern zu. Wenn mehr als die Hälfte der Gläubiger dem Schuldenbereinigungsplan zustimmt, kann das Gericht die Zustimmung der widersprechenden Gläubiger ersetzen und den Schuldner schuldenfrei stellen.

3.6 Verbraucherschutz und -beratung

Im **Bundesministerium für Justiz und Verbraucherschutz** werden alle maßgeblichen verbraucherpolitischen Zuständigkeiten auf Bundesebene gebündelt. In den einzelnen **Bundesländern** gibt es jeweils Verbraucherschutzminister.

Einige wesentliche Bestimmungen des **Verbraucherrechts** sind:
- das **Gesetz gegen unlauteren Wettbewerb** (UWG), das den Verbraucher vor unseriöser Werbung schützen soll.
- die **Preisangabenverordnung:** Sie regelt, dass jede Ware einen Preis erhält, der die Umsatzsteuer einschließt (Bruttopreis).
- das **Widerrufsrecht bei Haustürgeschäften** (§ 312 BGB): Der Kunde kann von Haustürverträgen, Verträgen vor Supermärkten oder bei Kaffeefahrten innerhalb von zwei Wochen schriftlich, ohne Angabe von Gründen zurücktreten. Diese **Widerrufsfrist** gilt auch für **Kreditverträge** und **Abzahlungsgeschäfte**.
- die Reform des **Lebensmittelrechts**: Seit 2005 muss jedes Lebensmittel rückverfolgbar sein – und zwar „vom Acker bis zum Teller“, um bei Mängeln den Schuldigen finden zu können.

Zur **marktwirtschaftlichen** Ordnung gehört auch, dass die **Verbraucher** sich objektiv über die Waren **informieren** können. Zu nennen sind folgende **Verbraucherorganisationen**:
- **Verbraucherzentrale Bundesverband e. V.** als Dachorganisation aller Verbände
- 16 **Verbraucherzentralen** mit über 200 Beratungsstellen bundesweit
- **Stiftung Warentest**, Berlin. Dieses unabhängige Institut führt laufend vergleichende Tests von Produkten und Dienstleistungen durch. Publikationen: Test, Finanztest, Ökotest
- **Schuldnerberatungsstellen** der Landkreise, Städte
- Der Staat finanziert diese Stellen zum großen Teil.

Auch kann über das Internet Rat eingeholt werden, z. B. bei einer **Verbraucherberatungsstelle**.

Verbraucherschutz der EU

Die **EU** ist aktiv, wenn es um den **Schutz der Gesundheit** oder den **Umweltschutz** geht. So ist z. B. die Verwendung von Hormonen in der Tiermast europaweit verboten; auch sind Hygienekontrollen bei Frischfleisch vorgeschrieben.

Daneben hat die EU Richtlinien zum **Verbraucherkredit,** zur Produkthaftung und Produktsicherheit erlassen, die durch Umsetzung in nationales Recht europaweite Standards setzen sollen.

Auch das **Einkaufen in der EU** wird unterstützt. Verbraucher, die im EU-Ausland Waren oder Dienstleistungen in Anspruch nehmen, kommen seit einigen Jahren leichter an rechtliche Hilfe. Sie erhalten per **Internet** Infos über landestypische Rechtsregeln und praktische Hilfe bei Problemen.

3.7 Kreditvertrag

Ein **Kreditvertrag** ist ein Vertrag zwischen **Kreditgeber** (Bank) und **Kreditnehmer** zur Überlassung von Geld auf Zeit gegen Zahlung von Zinsen und eventuell Gebühren. Verbraucher sollten **vor Abschluss** eines Vertrages die Bedingungen (Zinsen, Laufzeit) der einzelnen Banken vergleichen, Vorsicht walten lassen bei privaten Kreditvermittlern, den effektiven Jahreszinssatz und mögliche sonstige Kosten (Gebühren) gegenüberstellen und das (schriftliche) **Recht zum Widerruf** innerhalb von zwei Wochen ohne Angabe von Gründen nutzen, falls das für nötig erachtet wird.

Als **Effektivverzinsung** bezeichnet man die tatsächlich gezahlten Zinsen für einen Kredit unter Berücksichtigung aller weiteren Kostenbestandteile, wie Bearbeitungsgebühren und Kontoführungsgebühren, die die effektiven Kosten erhöhen.

Beim **Kontokorrentkredit** (privat: **Dispokredit**) räumt ein Kreditinstitut dem Kreditnehmer auf dessen Girokonto (Kontokorrentkonto = „laufendes Konto“) einen Kredit bis zu einer bestimmten Überziehungshöhe ein (**Kreditlimit**). Die hohen Zinsen (12 % – 18 % pro Jahr) werden nur für den tatsächlich in Anspruch genommenen Kredit berechnet.

4 Existenzgründung – rechtliche, individuelle und wirtschaftliche Aspekte

4.1 Konzept einer Unternehmensgründung

Rechtliche Situation bei Gründung:

Anmeldepflicht besteht bei folgenden Behörden und Einrichtungen:
- **Gewerbeamt** der Gemeinde: Anmeldung eines Gewerbes und Beantragung des Gewerbescheins.
- Handels- und Industriebetriebe müssen sich bei der **Industrie- und Handelskammer** anmelden.
- **Handwerkskammer**: Nachweis der Befähigung nach Handwerksordnung (in der Regel Meisterprüfung) und Eintragung in die Handwerksrolle.
- **Finanzamt**: Die Anmeldung des Betriebes erfolgt im Regelfall bereits durch das Gewerbeamt, vom Finanzamt wird dann eine Betriebs- und Steuernummer zugeteilt.
- **Berufsgenossenschaft**: Betriebseröffnungsanzeige innerhalb einer Woche, alle Beschäftigten sind zu versichern; der Eigentümer nur, wenn die Satzung der Berufsgenossenschaft dies vorsieht.

Der Weg von der **Geschäftsidee** bis zur **Eröffnung der eigenen Firma** dauert je nach Branche und eigenem Wollen bis zu zwei Jahren. Die folgenden **Phasen** können wichtige Anregungen geben, zügig an das Ziel zu gelangen.

Selbstüberprüfung

- Sind die fachlichen Voraussetzungen gegeben?
- Sichern die finanziellen Mittel ein Mindestmaß an Investitionen?
- Wollen Sie allein oder mit einem Partner/einer Partnerin beginnen?
- Haben sie die Unterstützung Ihrer Familie oder Ihres Lebenspartners?

Informationen sammeln

- Welche Behörden sind wichtig, z. B. Krankenkasse, Deutsche Rentenversicherung, Bundesagentur für Arbeit, Patent- und Markenschutz?
- Benötigen Sie externe Berater, z. B. Rechtsanwälte für Arbeits- und Mietverträge?
- Prüfen Sie Zielgruppe, Konkurrenzprodukte, Preisspielraum für ihr Produkt.
- Klären Sie die passende Rechtsform für Ihr Unternehmen: Als Einzelunternehmer haften Sie für alles; bei einer OHG oder KG müssen Sie mit Gesellschaftern auskommen, bei einer GmbH haften Sie nur mit dem Firmenvermögen, bekommen anderseits deshalb nur schwer Kredite.
- Nun folgt die Namensgebung; dabei muss die **Firma** (der Name, unter dem der Unternehmer auftritt und unterschreibt) der Größe entsprechen (Wahrheit: „Göttinger

Bäckerei“ und nicht „Deutschland backt“) und es sollte eine einprägsame Internet-Adresse eingetragen werden.

Die Konzeption

Wesentlich ist dabei der **Businessplan**, der für den Unternehmer selbst und für die Geldgeber Idee, Zielgruppe, Kundenutzen, Marktchancen, Finanzbedarf und eine Vision für die ersten Jahre darlegt. Dabei sollte sich der Unternehmensgründer in die Lage eines Geldgebers versetzen: Würde ich einem Unternehmen mit dieser Planung Geld geben?

Entscheidung und Realisierung

Der Gründungszeitpunkt wird festgelegt. Dann folgen weitere Schritte:
- Bankgespräche führen
- Geschäftsräume auswählen und Objekt kaufen oder mieten
- Infrastruktur und Logistik sichern: Energiebedarf, Telefonanlage, Maschinen und Fahrzeuge auswählen und bestellen; EDV einrichten
- Lieferanten und Kunden kontaktieren
- Lokale Presse informieren
- Firma anmelden und Handelsregistereintrag beim Amtsgericht beantragen
- Personal einstellen und Arbeitsverträge schließen

Eröffnung

Eröffnung durch Feier bekannt machen: Lieferanten, Kunden, Presse einladen. Werbeträger wie Inserate oder lokale Radioinfos für Eröffnungsangebote nutzen. Wichtig: Die Entwicklung des Unternehmens von Anfang an kontrollieren und bei Planabweichungen sofort reagieren.

Lassen Sie sich nicht von den vielen möglichen komplizierten Punkten von ihrer **Selbstständigkeit** abbringen, denn **Vorteile** können sein:
- eigene Entscheidungs- und Gestaltungsmöglichkeiten
- ein hoher Grad an persönlicher Freiheit
- gesellschaftliches Ansehen durch Erfolg

4.2 Meisterzwang

Für ehemals 94 Handwerksberufe war bis 2003 die **Meisterprüfung** notwendig, um sich selbstständig machen zu können. Seit dem 01.01.2004 besteht der Zwang zur Meisterprüfung als Voraussetzung zur Selbstständigkeit in **41 Gewerken** weiter. Es handelt sich vor allem um solche Handwerke, die bei nicht fachgerechter Ausübung Gesundheitsgefahren für Dritte bergen.

Zu diesen **Handwerken** gehören: Zimmerer, Dachdecker, Tischler, Maurer und Betonbauer, Elektrotechniker, Bäcker und Konditoren, Fleischer, Friseure, Karosserie- und Fahrzeugbauer, Kraftfahrzeugtechniker, Maler und Lackierer und Orthopädiemechaniker.

5 Soziale Marktwirtschaft und Globalisierung

5.1 Grundregeln der Marktwirtschaft

Angebot und Nachfrage sind wesentliche Bestandteile einer Marktwirtschaft.

Die **Anbieter (Unternehmer)** entscheiden, welche Waren hergestellt oder welche Dienstleistungen angeboten werden. Sie versuchen dann, diese auf dem Markt zu verkaufen. Sie entscheiden auch darüber, zu welchem Preis die Waren oder Dienstleistungen angeboten werden. Letztlich beeinflussen aber die **Verbraucher** durch ihre Nachfrage, welche Produkte und Dienstleistungen auf dem Markt abgesetzt werden können. Finden sich keine Käufer, dann hat die Leistung keine Chance auf dem Markt. Mit ihren Kaufentscheidungen können die Verbraucher also die Herstellung und Vermarktung von Waren und Dienstleistungen bestimmen.

Über Werbung und andere Maßnahmen versuchen die Anbieter, die Verbraucher für ihre Produkte zu gewinnen. Anbieter, die die Wünsche und Bedürfnisse am ehesten erfüllen, sind am erfolgreichsten. Einige der wichtigsten Erfolgsfaktoren sind dabei gute Qualität, freundliche und kompetente Beratung und angemessene Preise. Für die Verbraucher ist es vorteilhaft, wenn ein Wettbewerb zwischen verschiedenen Anbietern besteht, sie also zwischen den Anbietern wählen können.

5.2 Unsere Wirtschaftsordnung: Die soziale Marktwirtschaft

Grundlage der **sozialen Marktwirtschaft** ist die Kombination von Freiheit, Wettbewerb und sozialem Ausgleich.

- **Konsumfreiheit**: Jeder Verbraucher kann Güter beliebiger Wahl kaufen.
- **Gewerbefreiheit**: Freiheit bei der Nutzung des Eigentums, freie Wahl des Berufs- und Arbeitsplatzes; Handels- und Produktionsfreiheit
- **Wettbewerbsfreiheit**: Verkäufern und Käufern steht es frei, so günstig wie möglich zu verkaufen bzw. zu kaufen.
- **Freiheit des Eigentums**: Jeder darf Eigentum haben und es nutzen, es sei denn, die Nutzung verstößt gegen das Gemeinwohl (z. B. der Unternehmer produziert gesetzeswidrige Güter).

Als „Vater des deutschen Wirtschaftswunders" wird **Ludwig Erhard** (1897–1977) bezeichnet, der federführend das Konzept der sozialen Marktwirtschaft entwarf, die er als erster deutscher Bundeswirtschaftsminister (1949–1963) unter Bundeskanzler Konrad Adenauer erfolgreich einführte. Der von ihm eingeleitete wirtschaftliche Aufschwung führte zu einer Steigerung des Lebensstandards in der damaligen Bundesrepublik Deutschland, wie es nicht für möglich gehalten wurde.

Aus **wirtschaftspolitischen Gründen** und um den Wettbewerb zu sichern, wird vom Staat bzw. seinen Gerichten in die Marktfreiheit eingegriffen. Ein Beispiel hierfür ist das Unterbinden von Monopolen (nur ein Anbieter) und Kartellen (z. B. Preisabsprachen von Wettbewerbern).

Beim **sozialen Ausgleich** geht es um Einkommensausgleich zwischen Arm und Reich, Vermögensbildung für alle Schichten und Sozialleistungen für Bedürftige.

5.3 Arbeitsteilung als Merkmal einer Marktwirtschaft

Der Begriff Arbeitsteilung drückt aus, dass eine Güterproduktion in einzelne Teilverrichtungen oder Arbeitsgänge aufgespalten wird, die dann von verschiedenen Personen, Abteilungen, Betrieben, Wirtschaftsbereichen oder ganzen Volkswirtschaften erledigt werden.
Entsprechend wird zwischen **beruflicher** Arbeitsteilung, **gesellschaftlich-technischer** Arbeitsteilung, **volkswirtschaftlicher** Arbeitsteilung und **internationaler** Arbeitsteilung unterschieden.

Die mit der Arbeitsteilung verbundene **Spezialisierung** (die Begabungen einzelner Menschen lassen sich zum Nutzen des Einzelnen und der Gesellschaft einsetzen = der Einzelne produziert mehr als er kostet) schafft **Produktivitätsgewinne** (durch verbesserten Einsatz von Maschinen kann in der gleichen Zeit mehr produziert werden) und führt damit zu preiswerterer und verbesserter Güterversorgung. Andererseits wächst durch Arbeitsteilung die **gegenseitige Abhängigkeit** und die Arbeit des Einzelnen kann zu Monotonie und Verlust der Arbeitsfreude führen.

5.4 Globalisierung und ihre Auswirkungen

Der Begriff **Globalisierung** steht für weltweiten Güteraustausch, für unbegrenzte Reisemöglichkeiten und sekundenschnellen Informationsaustausch über das Internet.
Neu ist diese **Grundidee** nicht: Die Zeit der Entdeckungsreisen im Mittelalter ermöglichte weltweite Verbindungen durch rasche Fortschritte in der Seefahrt. Im 19. Jahrhundert führten die Erfindung der Elektrizität und die dann folgende Verbreitung des Eisenbahnnetzes zum weiteren Ausbau des internationalen Handels. Der heutige rasante technologische Fortschritt hat diese Entwicklung revolutioniert und beschleunigt, und es sind nahezu alle Teile der Welt in diesen Prozess einbezogen: Alle an irgendeinem Ort der Erde produzierten Güter und Dienstleistungen sind praktisch an jedem anderen Ort verfügbar.

Für **Deutschland** ist dieser weltweite Handel ganz besonders wichtig, denn auf die gesamte Wirtschaft bezogen hängen zwei von fünf Arbeitsplätzen direkt oder indirekt von dem Geschäft mit dem Ausland ab, in der Industrie sind es sogar drei von fünf Arbeitsplätzen. Deutschland als sogenannter **Exportweltmeister** ist weltweit führend in der Ausfuhr von Autos, Maschinen, chemischen Erzeugnissen und in der Kraftwerks- und Turbinentechnik. Die Einkommen vieler Menschen in Deutschland hängen von diesen Exporten und Importen ab. Gerade in der 2009 deutlich sichtbar gewordenen **Finanz- und Wirtschaftskrise** zeigt sich die große Abhängigkeit von der Nachfrage im Ausland: Kurzarbeit, zunehmende Staatsbeteiligung an Unternehmen und eine immer größer werdende Staatsverschuldung in nahezu allen Ländern der EU belasten Bürger, Unternehmer und Politiker.

Eine weitere Bedeutung erhält die Globalisierung auch dadurch, dass **Unternehmen im Ausland** Niederlassungen gründen und dort produzieren. Häufig können sie dort preiswerter produzieren, denn Löhne, Preise für Boden oder Steuern sind oft niedrig (Standortpolitik). Außerdem können sie näher bei den Kunden sein (Absatzmarkt) und sparen dadurch Transportkosten und Zölle.

Aber auch das Land, im dem das Unternehmen gegründet wird, hat Vorteile: Es erhält Zugang zu neuen Technologien und bekommt neue und bessere Arbeitsplätze und kann langfristig hochwertigere Produkte oder Dienstleistungen weltweit anbieten. **Indien**, eines der ärmsten Länder der Welt, exportiert Informationstechnologie und ist darin weltweit mit führend.

Einige Aspekte der Globalisierung

Die zum Teil negativen Äußerungen über die Globalisierung (stärkerer internationaler Wettbewerb von Unternehmen um Marktanteile und dadurch Arbeitsplatzabbau, die Reichen werden immer reicher) halten einer Betrachtung der letzten 50 Jahre rein rechnerisch nicht stand. So hat sich in den Industrieländern in der zweiten Hälfte des 20. Jahrhunderts die **Wirtschaftsleistung (Bruttoinlandsprodukt)** je Einwohner **verzwanzigfacht**. In einigen ehemaligen Entwicklungsländern wie zum Beispiel Südkorea stieg das Pro-Kopf-Einkommen zu heutigen Preisen um mehr als das Zehnfache. Andererseits hat die Ungleichheit zwischen Reich und Arm seit den 1980er Jahren weiter zugenommen. Die reichsten zehn Prozent besitzen inzwischen wieder 40 % des Volkseinkommens – wie schon 1913 (vgl. Handelsblatt vom 16.01.2018).

Mit dem Wirtschaftswachstum kam auch der medizinische Fortschritt: Die **Lebenserwartung** stieg um mehr als zehn Jahre in den Industrieländern und im Schnitt um mehr als 20 Jahre in den Entwicklungsländern.

Die Globalisierung erhöht den **Wettbewerb** um **Standorte**. Wenn Waren, Dienstleistungen, Rohstoffe, Arbeitskräfte oder Kapital nicht künstlich daran gehindert werden, gehen sie in einer **offenen internationalen Wirtschaft** dorthin, wo sie am besten arbeiten können. Wo das ist, das hängt von den jeweiligen Rahmenbedingungen eines Landes ab, beispielsweise von der Sicherheit, vom Rechtssystem, den Bildungseinrichtungen, der Infrastruktur (Straßen, Bauplätze, Freizeiteinrichtungen) oder der steuerlichen Belastung der Unternehmen.

Eine wesentliche Rolle für die Globalisierung spielen **multinationale Unternehmen (Multis).** Das sind international tätige Unternehmen, die durch Tochtergesellschaften oder Betriebsstätten in zahlreichen Staaten präsent sind. Ihre Absatzmärkte sind auf viele Länder verteilt und sie steuern ihre Aktivitäten von einer Zentrale im Heimatland aus.

Kritik an den Multis hat sich im Zusammenhang mit der zunehmenden Globalisierung insbesondere aufgrund ihres erheblichen wirtschaftlichen Einflusses in den Zielländern entwickelt. Sie können politisch Einfluss nehmen und Gewinne dorthin verlagern, wo keine oder wenig Steuern gezahlt werden.

5.5 Ziel und Inhalt des Datenschutzes (Bundesdatenschutzgesetz)

Das **Bundesdatenschutzgesetz und seit Mai 2018 die Datenschutzgrundverordnung der EU** soll en den Einzelnen davor schützen, dass er durch den Umgang Dritter mit seinen personenbezogenen Daten im Persönlichkeitsrecht beeinträchtigt wird *(Siehe Artikel 1 Grundgesetz: Die Würde des Menschen ist unantastbar.).*

Das Gesetz gilt für die
- **Erhebung** (ein Kunde hinterlässt seine Daten),
- **Verarbeitung** (Rechnung wird erstellt) und
- **Nutzung** (Kundendaten werden gespeichert und für weitere Anschreiben verwendet)

personenbezogener Daten (Name, Wohnort, Beruf).
Auch **sachliche Daten** (Vermögen, Einkommen und anderes) werden vom Gesetz geschützt.

Das Gesetz unterscheidet dabei
- **öffentliche Stellen** (Bund, Länder, Kreise, Städte, da z. B. Einwohnermeldeamt und Gesundheitsamt),
- **nicht öffentliche Stellen** (Betriebe, Banken, Arztpraxen, Apotheken), die Daten geschäftsmäßig oder für gewerbliche Zwecke verarbeiten oder nutzen. Dies darf nur auf gesetzlicher Grundlage und im Rahmen eines Vertragsverhältnisses wie beim Kaufvertrag geschehen.

Dabei ist das **Datengeheimnis** zu wahren.

Beauftragte für den Datenschutz

Industrie-, Handels- und Handwerksbetriebe, Arztpraxen, Labors – also nichtstaatliche Stellen –, die personenbezogene Daten verarbeiten, haben einen Beauftragten für den Datenschutz schriftlich zu bestellen,
- wenn bei der elektronischen Verarbeitung von Daten mindestens fünf Arbeitnehmer ständig hiermit beschäftigt werden;
- wenn bei der manuellen Verarbeitung von Daten mindestens 20 Beschäftigte tätig sind.

Liegen diese Bedingungen vor, dann hat der **Datenschutzbeauftragte** – der in seinem Tätigkeitsbereich weisungsfrei ist – die folgenden wesentlichen Aufgaben:
- Er soll die korrekte Durchführung der Datenschutzmaßnahmen überwachen.
- Er soll die Mitarbeiter im Datenschutz schulen.

Dabei hat der Betrieb dem Datenschutzbeauftragten alle notwendigen Informationen zur Verfügung zu stellen.

5.6 Allgemeines Gleichbehandlungsgesetz

Seit August 2006 gilt das **Allgemeine Gleichbehandlungsgesetz (AGG)**, das den umfassenden Schutz von Beschäftigten vor Benachteiligungen aus Gründen der Rasse, der ethnischen Herkunft, des Geschlechts, der Behinderung, des Alters, der Religion oder Weltanschauung und der sexuellen Identität zum Gegenstand hat. Damit sind sämtliche Phasen des Arbeitsverhältnisses, von der Stellenbeschreibung über die Einstellung und Beförderung bis hin zur Beendigung, dem Gesetz unterworfen. Als Benachteiligungen gelten dabei unmittelbare Benachteiligungen, z. B. ein Mann wird ohne objektive Gründe einer Frau vorgezogen, mittelbare Benachteiligungen, die in Richtlinien zur Beförderung oder Betriebsvereinbarungen enthalten sind. Auch sexuelle Belästigungen und Anweisungen zur Belästigung (Mobbing) sind Benachteiligungen im Sinne des Gesetzes.

Verstößt ein Arbeitgeber gegen diese Inhalte, kann Beschwerde eingelegt werden. Zum Beispiel hat bei der Formulierung „Junge dynamische Führungskraft gesucht" in einer Zeitungsanzeige ein abgelehnter älterer Bewerber mit gleicher Qualifikation die Möglichkeit, bis zu drei Monatsgehälter als Schadenersatz von dem Arbeitgeber zu fordern.

Prüfungsfragen und Lösungen

Musterfirma

Die Möbelwerke GmbH in Kassel erwirtschaftet einen Jahresumsatz von 350 Mio. € und beschäftigt 100 Vollzeitkräfte. Das Unternehmen bildet in verschiedenen Berufen aus, zu diesen gehören:

- Industriemechaniker,
- Elektroniker für Betriebstechnik,
- Mechatroniker und
- Chemielaboranten.

Prüfgebiet I: Der Jugendliche in Ausbildung und Beruf

I.1 Berufsausbildung, Tarifvertrag

Situation

Die Auszubildenden der Möbelwerke GmbH sind unsicher über ihre rechtliche Situation. Sie diskutieren in der Jugend- und Auszubildendenvertretung, welche Rechte und Pflichten sie haben. Wie lange müssen sie arbeiten? Sind Minderjährige und Volljährige in der Ausbildung gleichgestellt?

1 Erklären Sie den Begriff „Duales System“ für die Ausbildung.

2 Erklären Sie die Inhalte/Begriffe des Ausbildungsvertrags:

a) Vertragspartner

b) Probezeit

c) Arbeitszeit für Minderjährige und Volljährige

d) Pausen

e) Urlaub

f) Beendigung der Ausbildung

3 Beschreiben Sie die gesamten Kündigungsmöglichkeiten, die die Vertragspartner in der Ausbildung haben.

4 Unterscheiden Sie zwischen einem einfachen und einem qualifizierten Zeugnis und beschreiben Sie die Interpretationsmöglichkeiten, die mit einer Zeugnisausstellung verbunden sein können.

5 Beschreiben Sie ausführlicher je drei Rechte und Pflichten, die Sie als Auszubildende haben.

6 Erklären Sie, weshalb die Lernpflicht und die Pflicht zur Ausbildung die Hauptpflichten in einem Ausbildungsverhältnis darstellen.

7 Nennen Sie vier Arbeitnehmerschutzgesetze, beschreiben Sie kurz deren Geltungsbereich und erklären Sie ein Gesetz ausführlich.

8 Definieren Sie das Günstigkeitsprinzip.

9 Zum Tarifvertrag: Welche Gruppen schließen ihn ab und wovon hängt die Ausbildungsvergütung bzw. das Gehalt der Arbeitnehmer ab?

10 Erläutern Sie Aufgabe und Rolle der Jugend- und Auszubildendenvertretung.

11 Eine Auszubildende/ein Auszubildender (20 Jahre alt) verdient brutto 650,00 € und erhält vom Arbeitgeber 20,00 € vermögenswirksame Leistungen für den Bausparvertrag.

a) Errechnen Sie die aktuellen Sozialversicherungsabgaben in Euro.

b) Begründen Sie, warum keine Steuern abgezogen werden.

c) Errechnen Sie den Auszahlungsbetrag für die/den Auszubildende/-n.

12 Im Zeugnis des Ausbildungsbetriebes sind Angaben über Verhalten bzw. Führung, Leistung und besondere Fähigkeiten nur aufzunehmen, wenn die/der Auszubildende dies verlangt. Nennen Sie dafür zwei Gründe und erläutern Sie einen.

I.2 Arbeitsvertrag, Arbeitnehmerschutzgesetze, Kündigung, Arbeitsgericht

Situation: Herrn Wacker wird gekündigt

Herr Wacker, 40 Jahre alt, alleinerziehender Vater von zwei Kindern, ist seit acht Jahren bei der Möbelwerke GmbH (70 Mitarbeiter) als Sachbearbeiter in der Einkaufsabteilung beschäftigt. Am 25. Januar erhält er folgendes Schreiben seines Arbeitgebers:

Sehr geehrter Herr Wacker,
leider müssen wir Ihr Arbeitsverhältnis zum 30. April beenden.
Die Entscheidung ist uns nicht leicht gefallen, doch der anhaltende Umsatzrückgang der letzten beiden Jahre zwingt uns, eine der vier Sachbearbeiterstellen in der Einkaufsabteilung aufzulösen.
Der Betriebsrat ist am 23. Januar informiert worden.
Für Ihren weiteren beruflichen Werdegang wünschen wir Ihnen alles Gute.

Herr Wacker ist bestürzt: Als Vater von zwei Kindern hat er hohe monatliche Belastungen, die einige andere Mitarbeiter, welche Jahre nach ihm in das Unternehmen gekommen sind, nicht tragen müssen.

Dabei denkt er vor allem an Herrn Meister, der erst seit Juni des Vorjahres bei der Möbelwerke GmbH arbeitet und im Büro des Lagers tätig ist. Herr Meister ist 16 Jahre

jünger als Herr Wacker und hat keine Kinder; seine Arbeit hat Herr Wacker vertretungsweise schon einige Zeit ausgeübt.

Von der Sekretärin des Betriebsrates erfährt Herr Wacker am Telefon, dass der Betriebsrat der Kündigung fristgerecht mit der Begründung widersprochen hat, bei der Auswahl der zu kündigenden Arbeitnehmer seien soziale Gründe nicht ausreichend berücksichtigt worden.

Mit der Begründung, seine Kündigung verstoße gegen das Kündigungsschutzgesetz, erhebt Herr Wacker am 20. Februar Klage beim Arbeitsgericht.

1. Erklären Sie, ob eine Kündigung in dieser Form rechtlich möglich ist.
Begründen Sie auch, ob eine ordentliche oder außerordentliche Kündigung vorliegt.

____

____

2. Erklären Sie die gesetzlichen Kündigungsfristen des Arbeitgebers und prüfen Sie, ob die Möbelwerke GmbH diese eingehalten haben.

____

____

3. Nennen Sie die gesetzliche Widerspruchsfrist des Betriebsrates und welche Wirkung diese hat.

____

____

4. Stellen Sie fest, ob und in welcher Weise in diesem Fall ein Verstoß gegen das Kündigungsschutzgesetz vorliegt.

____

____

5 Prüfen Sie, ob die Kündigungsschutzklage durch Herrn Wacker fristgerecht erfolgte und was dieses Ergebnis bedeutet.

I.3 Arbeitsvertrag, Tarifvertrag, Kündigungsregelungen, Europäische Union (EU)

Situation

Die Auszubildenden sind sich uneinig und stellen Fragen: Muss ein Arbeitsvertrag nach Ausbildungsende schriftlich erfolgen? Wie wirkt sich das Kündigungsschutzgesetz auf das Arbeitsrecht aus? Welche Rolle spielen Gewerkschaften und Arbeitgeberverbände bei Tarifverhandlungen? Welche Auswirkung haben EU-Regelungen auf die Arbeitsverhältnisse?

1 Nennen Sie die Punkte, die ein Arbeitsvertrag nach geltendem Recht aufweisen muss.

---

2 Erstellen Sie für Ihren Arbeitgeber eine Übersicht über die zurzeit geltenden wesentlichen Inhalte des Mutterschutz- und des Elterngeldgesetzes, einschließlich der Elternzeit.

3 Erläutern Sie

a) die gesetzlichen Kündigungsfristen für Arbeitnehmer und Arbeitgeber,

b) die verlängerten Kündigungsfristen seitens des Arbeitgebers.

4 Jeder Arbeitnehmer hat nach Beendigung seines Arbeitsverhältnisses das Recht auf ein Zeugnis.

a) Beschreiben Sie den Grundsatz für die Erstellung eines Arbeitszeugnisses.

b) Erklären Sie, weshalb es den Zeugniscode gibt, und nennen Sie zwei Formulierungen mit ihrer jeweiligen Bedeutung.

5 Nach den Datenschutzgesetzen sind im Rahmen eines Vorstellungsgesprächs Fragen zur Person und zur wirtschaftlichen Situation des Bewerbers nicht zulässig, es sei denn, der Bewerber hat im Beruf damit zu tun. Beispiele: Ein Kassierer ist überschuldet, ein Krankenpfleger hat eine AIDS-Infektion.

a) Nennen Sie vier zulässige Fragen.

b) Wie sollte ein Bewerber auf zulässige Fragen reagieren?

c) Formulieren Sie Fragen, die ein Arbeitgeber nicht stellen darf, und erläutern Sie, wie ein Bewerber darauf reagieren kann.

6 Das Kündigungsschutzgesetz (KSchG)

a) Nennen Sie die zwei Bedingungen für die Wirksamkeit dieses Gesetzes.

b) Beschreiben Sie unter welchen Umständen Kündigungen nach dem KSchG zulässig sind.

c) Begründen Sie, die „Sozialauswahl“ bei betriebsbedingten Kündigungen.

d) Benennen Sie die Ausnahme von der Sozialauswahl, die das KSchG seit einigen Jahren vorsieht.

e) Erklären Sie die Rolle des Betriebsrates bei Kündigungen durch den Arbeitgeber.

7 Die Europäische Union

a) Nennen Sie die Mitgliedstaaten der Europäischen Union (EU).

b) Grenzen Sie die EU von dem Europäischen Wirtschaftsraum (EWR) ab.

c) Begründen Sie die Erstellung der Europäischen Sozialcharta von 1961 und nennen Sie drei konkrete Rechte, die Arbeitnehmer in der EU haben sollen.

d) Erläutern Sie folgende Begriffe: Europäische Arbeitsverwaltung (EURES), Jobbörse der Arbeitsagentur.

8 Ordnen Sie Ihrem Ausbildungsbetrieb den Wirtschaftsbereich zu.

a) Beschreiben Sie den entsprechenden Wirtschaftsbereich ausführlich.

b) Unterscheiden Sie den primären und den sekundären Bereich.

9 „Beruflicher Wandel" bezeichnet eine Entwicklung, die für den Einzelnen heute von großer Bedeutung ist.
Beschreiben Sie, welche Bedeutung Mobilität und Flexibilität für Sie haben.

10 Beschreiben Sie die wesentlichen Aufgaben Ihrer Handwerks- oder Industrie- und Handelskammer.

11 Erklären Sie die Bedeutung und die Rolle von Gewerkschaft und Arbeitgeberverband bei Tarifverträgen.

12 Ordnen Sie die Begriffe Friedenspflicht, Streik, Tarifautonomie und Aussperrung dem Tarifvertrag zu. Benutzen Sie für die Zuordnung auch den Begriff Tarifverhandlungen.

Der Jugendliche in Ausbildung und Beruf

I.4 Gebundene Aufgaben

1 Wer sind die Vertragspartner im Berufsausbildungsverhältnis?

- ☐ a) Der Ausbildende und der Auszubildende
- ☐ b) Der Ausbildende, der Auszubildende und die Kammer
- ☐ c) Der Ausbildende, der gesetzliche Vertreter des minderjährigen Auszubildenden und die Kammer
- ☐ d) Der Auszubildende und die Kammer

2 Wo ist die Ausbildungsdauer für die einzelnen Berufe festgelegt?

- ☐ a) Berufsbildungsgesetz (BBiG)
- ☐ b) Jugendarbeitschutzgesetz (JASchG)
- ☐ c) Ausbildungsordnung
- ☐ d) Handwerksordnung
- ☐ e) Grundgesetz

3 Kann das Ausbildungsverhältnis während der Probezeit gekündigt werden?

- ☐ a) Nein
- ☐ b) Ja, aber nur unter Einhaltung einer Kündigungsfrist von 2 Wochen
- ☐ c) Ja, aber nur unter Einhaltung einer Kündigungsfrist von 4 Wochen
- ☐ d) Jederzeit, ohne Einhalten einer Kündigungsfrist und ohne Gründe
- ☐ e) Jederzeit, ohne Einhalten einer Kündigungsfrist, aber mit Kündigungsgrund

4 Wann muss der Ausbildungsvertrag schriftlich niedergelegt werden?

- ☐ a) Sofort bei Zusage der Ausbildungsstelle
- ☐ b) Spätestens vor Beginn der Berufsausbildung
- ☐ c) Während der Probezeit
- ☐ d) Unmittelbar nach Beendigung der Probezeit
- ☐ e) Spätestens 1 Monat nach Beginn der Ausbildung

5 Die Abschlussprüfung kann in die vereinbarte Ausbildungszeit fallen. Wann endet das Ausbildungsverhältnis?

- ☐ a) Mit dem Vertragsende
- ☐ b) Mit dem Bestehen der Abschlussprüfung
- ☐ c) Mit der Aushändigung des Prüfungszeugnisses
- ☐ d) Am Ende des Monats, in dem der Auszubildende die Prüfung bestanden hat

6 Die Abschlussprüfung kann erst nach der vertraglich festgelegten Ausbildungszeit stattfinden. Wann endet das Ausbildungsverhältnis?

- ☐ a) Mit dem Bestehen der Prüfung
- ☐ b) Mit der Aushändigung des Prüfungszeugnisses
- ☐ c) Am Ende des Monats, in dem die Abschlussprüfung stattfindet
- ☐ d) Mit dem Ende der vertraglich vereinbarten Ausbildungszeit

7 Welche Ausbildungsverpflichtung hat der Ausbildende?

- ☐ a) Alle im Betrieb vermittelbaren Fertigkeiten zu vermitteln
- ☐ b) Alle im Berufsbild aufgeführten Kenntnisse und Fertigkeiten zu vermitteln, soweit sie nicht von der BS behandelt werden
- ☐ c) Alle im Berufsbild aufgeführten Kenntnisse und Fertigkeiten zu vermitteln, die zum Erreichen des Ausbildungszieles notwendig sind
- ☐ d) Die für das Bestehen der praktischen Prüfung erforderlichen Fertigkeiten zu vermitteln

8 Welche Verpflichtungen hat der Auszubildende?

- ☐ a) Er hat alle übertragenen Arbeiten fachgerecht auszuführen.
- ☐ b) Er hat seinem Ausbilder Gehorsam und Achtung zu erweisen und sich auch außerhalb des Betriebes ordentlich zu betragen.
- ☐ c) Er hat den Weisungen zu folgen, die ihm vom Ausbildenden oder von anderen weisungsberechtigten Personen erteilt werden.
- ☐ d) Er hat nur den Weisungen des Ausbildenden zu folgen.

9 Für welche Betriebe gilt das Kündigungsschutzgesetz nicht?

- ☐ a) Für Privatbetriebe
- ☐ b) Für öffentliche Verwaltungen (= Staat)
- ☐ c) Für Betriebe mit 10 oder weniger Arbeitnehmern
- ☐ d) Für Betriebe des Luftverkehrs
- ☐ e) Für Konzerne (= Großunternehmen) wie Daimler, VW AG u. a.

10 Für wen gilt das Jugendarbeitsschutzgesetz (JASchG)?

- ☐ a) Für alle jugendlichen Arbeitnehmer mit Ausbildungsvertrag
- ☐ b) Nur für alle Jugendlichen ohne in einem Ausbildungsverhältnis zu arbeiten
- ☐ c) Für alle jugendlichen Schüler und Auszubildenden
- ☐ d) Für alle jugendlichen Arbeitnehmer mit und ohne Ausbildungsvertrag

11 Das Jugendarbeitsschutzgesetz (JASchG) gilt bis zur Vollendung des

- a) 14.
- b) 16.
- c) 18.
- d) 19.
- e) 21. Lebensjahres

12 Bei einer Arbeitszeit von mehr als 6 Stunden müssen die Ruhepausen nach dem Jugendarbeitsschutzgesetz (JASchG) mindestens betragen?

- a) 30 Minuten
- b) 45 Minuten
- c) 60 Minuten
- d) 90 Minuten

13 Das Jugendarbeitsschutzgesetz (JASchG) gilt bis zur Vollendung des

- a) 30
- b) 27
- c) 25
- d) 23
- e) 21 Werktage

14 Die Kündigungsschutzklage eines Arbeitnehmers beim Arbeitsgericht muss innerhalb von?

- a) 1 Woche
- b) 2 Wochen
- c) 3 Wochen
- d) 6 Wochen dort eintreffen

15 Das Arbeitszeugnis am Ende der Ausbildung muss mindestens enthalten

- a) Erlangte Kenntnisse während der Ausbildung
- b) Leistung während der Ausbildung
- c) Führung während der Ausbildung
- d) Höhe der Ausbildungsvergütung
- e) Qualität der Berichtsheftführung

16 Bei arbeitsrechtlichen Streitigkeiten wendet sich der Arbeitnehmer an das

- a) Gewerbeaufsichtsamt
- b) Arbeitsamt
- c) Arbeitsgericht
- d) Amtsgericht
- e) Ordnungsamt

17 Das Jugendarbeitsschutzgesetz (JASchG) gilt bis zur Vollendung des

- ☐ a) Gewerbeaufsichtsamt
- ☐ b) Arbeitsgericht
- ☐ c) Jugendamt
- ☐ d) Amtsgericht
- ☐ e) Ordnungsamt

18 Wer schließt einen Tarifvertrag ab?

- ☐ a) Der Arbeitgeber mit jedem seiner Arbeitnehmer
- ☐ b) Die Industrie- und Handelskammer mit den Gewerkschaften
- ☐ c) Der Arbeitgeberverband mit der zuständigen Einzelgewerkschaft
- ☐ d) Der Arbeitgeberverband mit dem Deutschen Gewerkschaftsbund (DGB)
- ☐ e) Das Wirtschaftsministerium mit den Innungen und Arbeitgebern

19 Welche Aussage zum Verlauf bei einem Arbeitsgerichtsprozess stimmt?

- ☐ a) Vor dem eigentlichen Prozess versucht der Richter, die streitenden Parteien zu einem gütlichen Vergleich zu bringen.
- ☐ b) In allen Instanzen besteht Anwaltszwang.
- ☐ c) Der Unterlegene kann jederzeit in die Berufung gehen.
- ☐ d) Das Bundesarbeitsgericht hat seinen Sitz in Karlsruhe.
- ☐ e) Das Arbeitsgericht besteht immer aus 7 Richtern.

20 Welche Voraussetzungen muss ein Arbeitnehmer erfüllen, wenn er Rechte aus dem Kündigungsschutzgesetz geltend machen will?

- ☐ a) Er muss das 21. Lebensjahr vollendet haben.
- ☐ b) Er muss deutscher Staatsangehöriger sein.
- ☐ c) Er muss das 35. Lebensjahr vollendet haben und mindestens 10 Jahre in gleichen Betrieb tätig sein.
- ☐ d) Er muss verheiratet sein.
- ☐ e) Er muss dem Betrieb ohne Unterbrechung länger als 6 Monate angehören.

21 Ein Auszubildender will sich nach der Probezeit in einen anderen als dem gewählten Beruf ausbilden lassen. Was muss er nach dem Gesetz tun?

- ☐ a) Er muss zuerst die angefangene Ausbildung beenden.
- ☐ b) Er muss seinen Berufsausbildungsvertrag mit einer Kündigungsfrist von 4 Wochen kündigen.
- ☐ c) Er fängt sofort bei der anderen Firma an. Eine Kündigung ist nicht erforderlich.
- ☐ d) Er muss seinem Ausbilder den Grund sagen und kann in der nächsten Woche bei der anderen Firma anfangen.
- ☐ e) Er muss seinen Berufsausbildungsvertrag mit einer Kündigungsfrist von 6 Wochen kündigen.

22 Ein Arbeitnehmer erkrankt während des Urlaubs. Welche Aussage stimmt?

- [ ] a) Die Tage der Arbeitsunfähigkeit werden voll auf den Jahresurlaub angerechnet.
- [ ] b) Liegt ein ärztliches Attest vor, so erfolgt keine Anrechnung auf den Urlaub.
- [ ] c) Die Tage der Arbeitsunfähigkeit werden zur Hälfte auf den Jahresurlaub angerechnet.
- [ ] d) Die Tage der Arbeitsunfähigkeit werden nur bei Krankenhausaufenthalt angerechnet.
- [ ] e) Die Arbeitsunfähigkeit wird nur dann nicht angerechnet, wenn die Erkrankung in der Bundesrepublik auftrat.

23 Bei den Arbeitsgerichten sind ehrenamtliche Richter tätig. In welcher Auswahlantwort sind die zwei Gruppen genannt, aus denen sie ausgewähltwerden?

- [ ] a) Landesbeamte und Arbeitgeber
- [ ] b) Gemeinderäte und Gewerkschaftsmitglieder
- [ ] c) Arbeiter und Angestellte
- [ ] d) Mitglieder der politischen Parteien und Gewerkschaften
- [ ] e) Arbeitgeber und Arbeitnehmer

24 Welche Verpflichtung übernimmt der Ausbildende bei Abschluss des Berufsausbildungsvertrages nicht?

- [ ] a) Den Auszubildenden nach der Prüfung noch ein Jahr zu beschäftigen
- [ ] b) Den Auszubildenden zu den Prüfungen freizustellen
- [ ] c) Das Berichtsheft durchzusetzen
- [ ] d) Die Gebühren für die Abschlussprüfung zu bezahlen
- [ ] e) Die Ausbildung planmäßig, zeitlich und sachlich gegliedert durchzuführen

25 Verschiedene Personengruppen genießen keinen besonderen Kündigungsschutz. Welche sind dies?

- [ ] a) Betriebsratsmitglieder
- [ ] b) Schwangere Frauen
- [ ] c) Gewerkschaftsmitglieder
- [ ] d) Schwerbehinderte
- [ ] e) Auszubildende nach der Probezeit

26 Für die Einhaltung der Arbeitszeitordnung ist zuständig

- [ ] a) das Arbeitsgericht
- [ ] b) das Amtsgericht
- [ ] c) das Landgericht
- [ ] d) das Ordnungsamt
- [ ] e) das Gewerbeaufsichtsamt

27 Bringt die folgenden Schritte bei einem Verfahren vor dem Arbeitsgericht in die richtige Reihenfolge?

- ☐ a) Urteil
- ☐ b) Einreichen der Klage
- ☐ c) Mündliche Verhandlung
- ☐ d) Festlegung eines mündlichen Termins
- ☐ e) Güteverhandlung

28 Sie werden ab sofort bis auf weiteres krank geschrieben. Wie lange muss der Arbeitgeber das Geld weiterbezahlen?

- ☐ a) Ohne zeitliche Begrenzung
- ☐ b) 1 Monat
- ☐ c) 14 Tage
- ☐ d) 6 Monate
- ☐ e) 6 Wochen

29 Die Mutterschutzfristen nach dem Mutterschutzgesetz betragen insgesamt

- ☐ a) 9 Monate
- ☐ b) 6 Wochen
- ☐ c) 14 Wochen
- ☐ d) 1 Jahr
- ☐ e) 8 Wochen

30 Ein Arbeitnehmer kann beim Wohnungswechsel Sonderurlaub erhalten. Wo ist der Anspruch geregelt?

- ☐ a) Im Jugendschutzgesetz
- ☐ b) Im Berufsbildungsgesetz
- ☐ c) Im Gehaltstarifvertrag
- ☐ d) Im Manteltarifvertrag
- ☐ e) Im Berufsausbildungsvertrag

31 Welches der folgenden Vergehen fällt unter das Gebot der Schweigepflicht und kann nach § 203 Strafgesetzbuch geahndet werden?

- ☐ a) Beleidigung einer Kollegin
- ☐ b) Üble Nachrede über eine Kundin, die in der Nachbarschaft der Helferin wohnt, in privater Angelegenheit
- ☐ c) Weitergabe der Personalien einer prominenten Kundin an einen Journalisten
- ☐ d) Weitergabe der Krankengeschichte an einen anderen Arzt, der weiter behandelt
- ☐ e) Auskünfte an Eltern minderjähriger Personen, die dem zustimmen.

32 Welche Pflichten hat der Arbeitgeber gegenüber seinen Angestellten zu erfüllen (zwei Antworten richtig)?

- [ ] a) Er muss alle ihre Steuern pünktlich zahlen.
- [ ] b) Er hat sie ohne schuldhaftes Zögern zur Sozialversicherung anzumelden.
- [ ] c) Er hat ihr bestimmte freiwillige soziale Leistungen zu gewähren.
- [ ] d) Er hat ihre Wünsche über Urlaubstermine und Freizeiten im Allgemeinen zu erfüllen.
- [ ] e) Er hat für die Gesunderhaltung im Betrieb die notwendigen Schutzmaßnahmen zu veranlassen.
- [ ] f) Er hat ihr gegenüber keinerlei Fürsorgepflicht.

33 Die beruflichen Interessen der Arbeitnehmer werden wahrgenommendurch

- [ ] a) die Kammern als öffentlich-rechtliche Körperschaften auf Landesebene.
- [ ] b) die Kammern als öffentlich-rechtliche Körperschaften auf Bundesebene.
- [ ] c) die jeweilige Gewerkschaft oder den Berufsverband.
- [ ] d) das Bundesministerium für Jugend, Familie, Gesundheit.
- [ ] e) die Sozial- und Arbeitsgerichte in den verschiedenen Ebenen.

34 Das geltende Elterngeldgesetz erlaubt vorrangig die Inanspruchnahme (zwei Antworten richtig)

- [ ] a) für 2 Jahre
- [ ] b) für 3 Jahre
- [ ] c) für 1 Jahr
- [ ] d) für 16 Monate
- [ ] e) für 14 Monate
- [ ] f) für 18 Monate

35 Auf welchem Gesetz beruhen Berufsausbildungsverträge?

- [ ] a) Handelsgesetzbuch (HGB)
- [ ] b) Bürgerliches Gesetzbuch (BGB)
- [ ] c) Ausbildungsförderungsgesetz (AusFG)
- [ ] d) Berufsbildungsgesetz (BBiG)
- [ ] e) Jugendarbeitsschutzgesetz (JASchG)
- [ ] f) Arbeitsförderungsgesetz (AFG)

36 Welches Gesetz enthält wesentliche Bestimmungen über berufliche Fortbildung und berufliche Umschulung?

- [ ] a) Das Arbeitsförderungsgesetz
- [ ] b) Das Jugendarbeitsschutzgesetz
- [ ] c) Das Jugendschutzgesetz
- [ ] d) Das Arbeitszeitgesetz
- [ ] e) Das Bundesurlaubsgesetz

37 Im Berufsbildungsgesetz ist von einer „zuständigen Stelle“ die Rede. Welche ist das für gewerblich-technische-hauswirtschaftliche Auszubildende?

- ☐ a) Gewerbeaufsichtsamt
- ☐ b) Berufliche Schulen
- ☐ c) Gewerkschaft
- ☐ d) Handwerks-/Industrie- und Handelskammer
- ☐ e) Bundesbildungsministerium
- ☐ f) Arbeitsgericht

38 Welches Gesetz regelt den freiwilligen Zusammenschluss von Gewerkschaften und Arbeitgeberverbänden zur Wahrung und Förderung der Arbeits- und Wirtschaftsbedingungen?

- ☐ a) Grundgesetz
- ☐ b) Lohnfortzahlungsgesetz
- ☐ c) Betriebsverfassungsgesetz
- ☐ d) Tarifvertragsgesetz
- ☐ e) Mitbestimmungsgesetz

39 Welche der folgenden Fragen müssen Sie bei einem Vorstellungsgespräch wahrheitsgetreu beantworten?

- ☐ a) Haben Sie vor in nächster Zeit zu heiraten?
- ☐ b) Welche beruflichen Prüfungen haben Sie mit welchen Noten abgelegt?
- ☐ c) Gehören Sie einer politischen Partei an?
- ☐ d) Welches Vermögen besitzen Sie?
- ☐ e) Welche Krankheiten haben Sie bisher gehabt?

40 Unter welcher Voraussetzung darf ein Arbeitgeber die Arbeitszeit nach dem Arbeitszeitgesetz von 8 auf 10 Stunden erhöhen?

- ☐ a) Wenn der Arbeitnehmer die Verlängerung verlangt
- ☐ b) Wenn die zusätzlichen zwei Stunden als Überstunden bezahlt werden
- ☐ c) Wenn die Zeit von 10 Stunden als normale Arbeitszeit im Arbeitsvertrag vereinbart werden
- ☐ d) Wenn innerhalb von 6 Kalendermonaten im Durchschnitt 8 Stunden werktäglich nicht überschritten werden

I.1 Lösungen zu: Berufsausbildung, Tarifvertrag

1 Das „Duale System“ bezeichnet die Ausbildung in den zwei Lernorten Betrieb/Praxis und Berufliche Schule, die abgestimmt sein sollte.

2 **a)** Vertragspartner in der Ausbildung sind der/die Ausbildende und der/die Auszubildende.

b) Die Probezeit beträgt mindestens einen, maximal vier Monate, in der jederzeit von beiden Seiten ohne Grund gekündigt werden kann.

c) Die Arbeitszeit beträgt für Jugendliche maximal acht Stunden täglich und 40 Stunden wöchentlich; am schulischen „Stammtag“ mit mindestens sechs Stunden Unterricht soll keine Beschäftigung mehr sein. Volljährige Auszubildende können nach der Berufsschule immer beschäftigt werden, wobei die wöchentliche Arbeitszeit sich nach dem Ausbildungs- oder Tarifvertrag richtet. Allerdings kann die Arbeitszeit nach dem Arbeitszeitgesetz auf täglich bis zehn Stunden verlängert werden, wenn innerhalb von sechs Monaten im Durchschnitt acht Stunden nicht überschritten werden.

d) Die **Pausen** betragen für Minderjährige bei einer Arbeitszeit von 4,5 bis sechs Stunden 30 Minuten, bei einer Arbeitszeit über sechs Stunden 60 Minuten; für volljährige Beschäftigte soll eine Pause von mindestens 30 Minuten vorgesehen werden bei einer Arbeitszeit von mehr als sechs bis neun Stunden, darüber hinaus 60 Minuten. Ruhepausen müssen mindestens 15 Minuten dauern.

e) Minderjährige Auszubildende haben mit 15 Jahren mindestens 30, mit 16 Jahren 27 und mit 17 Jahren mindestens 25 Werktage **Urlaubsanspruch**. Dabei zählt das Alter am Jahresanfang! Sieht der Ausbildungs- oder Tarifvertrag mehr Urlaub vor, z. B. 30 Werktage, dann hat der/die Auszubildende entsprechend mehr Urlaubsanspruch (= Günstigkeitsprinzip im Arbeitsrecht). Für volljährige Auszubildende gilt neben dem Ausbildungsvertrag auch der Tarifvertrag; das Bundesurlaubsgesetz regelt, dass jedem Arbeitnehmer in Deutschland mindestens 24 Werktage Urlaub zustehen, wobei Werktage alle Kalendertage sind, die nicht Sonn- oder gesetzliche Feiertage sind. Der volle Urlaubsanspruch wird erstmalig nach sechsmonatigem Bestehen des Arbeitsverhältnisses erworben.

f) Die Ausbildung endet mit Bestehen der Abschlussprüfung. Da die Ausbildung in der Regel vor Ablauf des Ausbildungsvertrages (z. B. am 31. Juli) endet, ist die Ausbildung beendet, wenn der letzte Prüfungsteil stattfindet (z. B. am 5. Juli). Arbeitet der/die Auszubildende im Betrieb weiter, dann entsteht automatisch ein unbefristeter Arbeitsvertrag (im Beispiel ab dem 6. Juli).

3 Kündigungsmöglichkeiten in der Ausbildung:

- In der Probezeit darf der Ausbildungsvertrag von beiden Vertragspartnern ohne Angabe von Gründen – aber schriftlich – gekündigt werden.

- Nach der Probezeit kann das Ausbildungsverhältnis nur gekündigt werden
  - aus einem wichtigen Grund (fristlose Kündigung) von beiden Seiten ohne Einhalten einer Kündigungsfrist, z. B. bei Diebstahl, Tätlichkeit, regelmäßigen Verspätungen, sexueller Belästigung. Diese Kündigung ist unwirksam, wenn die Tatsachen länger als zwei Wochen dem zur Kündigung Berechtigten bekannt sind.
  - vom Auszubildenden mit einer Kündigungsfrist von vier Wochen, wenn er/sie die Berufsausbildung aufgeben oder sich für eine andere Berufstätigkeit ausbilden lassen will.

  In beiden Fällen muss die Kündigung schriftlich und unter Angabe der Kündigungsgründe erfolgen.

4 Bei Beendigung der Ausbildung ist dem Auszubildenden ein **Arbeitszeugnis** auszustellen. Dieses enthält Angaben über Art, Ziel und Dauer der Ausbildung sowie über die erworbenen beruflichen Fertigkeiten, Fähigkeiten und das Verhalten im Betrieb. Dieses ausführliche Zeugnis ist ein sogenanntes qualifiziertes Zeugnis.

Da das Bundesarbeitsgericht, das höchste deutsche Arbeitsgericht, entschieden hat, dass ein Zeugnis „wohlwollend“ zugunsten des Arbeitnehmers, aber auch „wahr“ sein muss, hat sich in Deutschland ein Zeugniscode entwickelt, der mit Umschreibungen Schwächen des zu Beurteilenden formuliert.

Beispiel: Bewertung der Arbeitsleistung

Formulierung	**Bewertung**
stets zu unserer vollsten Zufriedenheit	sehr gut
stets zu unserer vollen Zufriedenheit	gut
stets zu unserer Zufriedenheit	befriedigend
zu unserer Zufriedenheit	ausreichend
im Großen und Ganzen zufrieden	mangelhaft
zu unserer Zufriedenheit zu erledigen versucht	ungenügend

Ist der zu Beurteilende mit dem Zeugnis nicht zufrieden, kann er nicht gerichtlich durchsetzen, dass der Arbeitgeber ihm ein besseres Zeugnis ausstellt. In diesem Fall kann er stattdessen ein einfaches Zeugnis erhalten, d. h., neben den persönlichen Daten werden nur die ausgeübten Tätigkeiten mit der entsprechenden Dauer dargestellt.

5 **Rechte des/der Auszubildenden**: Dem Auszubildenden sind Kenntnisse, Fertigkeiten und Fähigkeiten für den Beruf als Hauptpflicht zu vermitteln. Dafür sind ihm/ihr Material und Werkzeuge kostenlos bereitzustellen; Sie sind charakterlich zu fördern und für die Berufsschule und überbetriebliche Ausbildungen freizustellen. Auch soll der Betrieb seinen Auszubildenden zu Führung des Ausbildungsnachweises (Berichtsheft) anhalten und dieses auch kontrollieren.

Pflichten des/der Auszubildenden: Er/sie verpflichtet sich zu lernen, an den vorgeschriebenen Prüfungen und dem Berufsschulunterricht teilzunehmen, den Weisungen, die im Rahmen der Ausbildung erteilt werden, zu folgen und zur Beachtung der Betriebsordnung und pfleglichen Behandlung der Arbeitsmittel. Auch hat er über betriebliche Dinge Stillschweigen zu bewahren. Das Kaufen des für die Abschlussprüfung eventuell benötigten Materials gehört nicht zu seinen Pflichten, da dies der Arbeitgeber durch die Zahlung der Prüfungsgebühren mit leistet.

6 Erst die Lernpflicht sichert den Prüfungserfolg und die Handlungsfähigkeit des Auszubildenden. Die Pflicht zur Ausbildung ermöglicht dem Auszubildenden eine gute Prüfung und die berufliche Kompetenz.

7 Arbeitnehmerschutzgesetze:

- **Bundesteilhabegesetz**: Soll sicherstellen, dass insbesondere Schwerbehinderte Chancen auf einen Arbeitsplatz haben.
- **Arbeitszeitgesetz**: Soll die Sicherheit und den Gesundheitsschutz am Arbeitsplatz gewährleisten.
- **Kündigungsschutzgesetz**: Soll Arbeitnehmer vor ungerechtfertigter Kündigung schützen.
- **Jugendarbeitsschutzgesetz**: Soll die Entwicklung und Gesundheit von jugendlichen Arbeitnehmern schützen.
- **Mutterschutzgesetz**: Soll werdenden bzw. jungen Müttern die Chance geben, ihr Kind gesund zur Welt zu bringen und sich nach der Geburt um das Kind zu kümmern.

8 Günstigkeitsprinzip:
In den allgemeinen Rechtsgebieten geht immer die obere Regelung vor der nachfolgenden Regelung, d. h. z. B., Gesetze gehen vor Tarifverträgen (Überordnungsprinzip). Im Arbeitsrecht gilt dagegen immer die Regelung, die für den Arbeitnehmer am günstigsten ist (Günstigkeitsprinzip).

Beispiel: Das Bundesurlaubsgesetz enthält als Mindestregelung 24 Werktage pro Jahr, im Tarifvertrag sind 28 Tage genannt, im Arbeitsvertrag 30 Tage. Rechtswirksam sind die 30 Tage, da sie für den Arbeitnehmer am günstigsten sind.

9 Tarifvertragsparteien (Tarifpartner, Sozialpartner) sind auf Arbeitnehmerseite die Gewerkschaften, auf Arbeitgeberseite die Arbeitgeberverbände oder einzelne Arbeitgeber (§ 2 Tarifvertragsgesetz). **Tarifverträge**, die zwischen Arbeitgeberverband und Gewerkschaft auf Bezirks-, Landes- oder Bundesebene geschlossen werden, werden als Verbandstarifverträge bezeichnet. Schließt ein einzelner Arbeitgeber mit einer Gewerkschaft einen Tarifvertrag, so handelt es sich hierbei um einen Firmen-, Werks-, Betriebs- bzw. Haustarifvertrag.

Grundsätzlich gelten die tariflichen Regelungen nur für die Mitglieder der Tarifvertragsparteien: Der Arbeitgeber muss dem Tarif schließenden Arbeitgeberverband, der Arbeitnehmer der Tarif schließenden Gewerkschaft angehören. Für Auszubildende gilt der Inhalt des Ausbildungsvertrages, z. B. kann aber die Ausbildungsvergütung dem Gehaltstarifvertrag entnommen sein.

10 Arbeiten mindestens fünf jugendliche Arbeitnehmer oder Auszubildende, die noch nicht 25 Jahre alt sind, in einem Betrieb, sollen diese eine **Jugend- oder Auszubildendenvertretung** wählen. Gewählt werden können alle Personen, die noch nicht 25 Jahre alt sind. Die Amtszeit beträgt zwei Jahre.

Alle Fragen/Wünsche von jugendlichen Arbeitnehmern sind an den Betriebsrat, nicht direkt an den Arbeitgeber zu richten (§ 61 BetrVG).

Will ein Arbeitgeber einen Auszubildenden, der Jugendvertreter ist, nach Abschluss der Ausbildung nicht weiter beschäftigen, so hat er ihm drei Monate vor Ende der Ausbildung zu kündigen.

11 **a)** Die SV-Abgaben betragen (Stand: 01.10.2018):
50 % von 18,6 RV = 9,30 %
KV = 15,5 %, da von AN = 8,2 % (der Arbeitgeber zahlt 7,3 %!)
50 % von 3 % AV = 1,5 %
50 % von 2,55 % PV = 1,275 %; Kinderlose ab 24 Jahren zahlen zusätzlich 0,25 %.
= Summe für Arbeitnehmer = 20,525 % ≙ 133,41 €

b) Da der Staat aufgrund der Freibeträge bei der Steuer erst Bruttoeinkommen ab rund 900,00 € besteuert, zahlen die meisten Auszubildenden wie auch andere Arbeitnehmer keine Steuern.

c) Die Ausbildungsvergütung beträgt 650,00 € + 20,00 € Arbeitgeberbeitrag zu Vermögenswirksamen Leistungen an die Bausparkasse, sodass die SV-Abgaben von einer Gesamtvergütung von 670,00 € zu leisten sind; hinzu kommt die Abgabe der VL an die Bausparkasse in Höhe von 40,00 € monatlich.

Berechnung: 670,00 € – 139,06 € (= 20,755 %) – 40,00 € = 490,94 € Auszahlungsbetrag

12 Es **sollen in den Zeugnissen** im Falle von möglichen negativen Urteilen Benachteiligungen bei Bewerbungen um einen Arbeitsplatz vermieden werden. Dies soll vor subjektiven Einschätzungen des Betriebes schützen, da Fleiß, Arbeitsverhalten, soziales Verhalten nur schwer objektiv eingeschätzt werden können.

I.2 Lösungen zu: Arbeitsvertrag, Arbeitnehmerschutzgesetze, Kündigung, Arbeitsgericht

1. Kündigung bedarf keiner besonderen Form, deshalb so möglich. Es liegt eine ordentliche Kündigung vor, da mit Frist.

2. Die gesetzliche Kündigungsfrist beträgt drei Monate, dies wurde eingehalten.

3. Innerhalb einer Woche beim Arbeitgeber; der Arbeitnehmer wird weiter beschäftigt bis zur Klärung des Sachverhalts beim Arbeitsgericht.

4. Sozialauswahl fehlerhaft, nach dieser wäre der Kollege Meister zu wählen, der kürzer im Betrieb, jünger ist und keine Unterhaltspflichten hat.

5. Herr Wacker hat die 21-tägige Kündigungsschutzklagefrist nicht eingehalten, sodass sein Widerspruch ohne rechtliche Wirkung bleibt.

I.3 Lösungen zu: Arbeitsvertrag, Tarifvertrag, Kündigungsregelungen, Europäische Union (EU)

1. Ein Arbeitsvertrag muss laut Nachweisgesetz folgende Punkte mindestens enthalten:

   - Personalien der Parteien
   - Arbeitsplatz
   - Stellenbeschreibung/Amtsbezeichnung
   - Beginn des Arbeitsvertrages
   - Dauer des Arbeitsverhältnisses bei befristeten Arbeitsverträgen
   - Dauer des Jahresurlaubes
   - Einzuhaltende Kündigungsfristen
   - Höhe des Arbeitsentgeltes
   - Tages- oder Wochenarbeitszeit
   - Gegebenenfalls Angabe der Tarifverträge oder anderer kollektiver Vereinbarungen, z. B. einer Betriebsvereinbarung

2. Das **Mutterschutzgesetz** legt fest, dass

   - sechs Wochen vor und acht Wochen nach der Geburt ein besonderer Schutz gilt:
   - Vor der Geburt darf die Schwangere arbeiten, danach ist ihr dies für acht Wochen untersagt.
   - der Kündigungsschutz während der Schwangerschaft und vier Monate danach besteht.
   - schwere körperliche Arbeiten, Schichtarbeit und Akkordarbeiten während der Schwangerschaft verboten sind.

Das **Elterngeldgesetz** regelt den Anspruch auf Elterngeld, den Mütter oder Väter in den ersten zwölf Monaten nach der Geburt erhalten. Die Höhe beträgt 67 % des Nettogehalts, maximal 1 800,00 €. Nimmt der andere Partner zusätzlich zwei Monate in Anspruch, erhält dieser für diese zwei Monate ebenfalls Elterngeld.

Der Anspruch auf Elternzeit besteht maximal drei Jahre ab der Geburt. Während dieser Zeit besteht absoluter Kündigungsschutz. Dabei können sich die Eltern nach der Mutterschutzfrist (bis zwei Monate nach der Geburt) je nach Wunsch abwechseln. Ein Jahr kann aufgehoben werden bis zum achten. Lebensjahr des Kindes, z. B. um das Kind in dem Jahr der Einschulung zu begleiten. Seit 1. Januar 2010 gilt das neue Familienleistungsgesetz. Damit beträgt das Kindergeld ab Juli 2019 für das erste und zweite Kind monatlich 204,00 €; für das dritte Kind 210,00 € und ab dem vierten Kind je 235,00 € im Monat.

3 **a)** Die gesetzlichen **Kündigungsfristen** betragen für Arbeitnehmer wie für Arbeitgeber vier Wochen zum 15. oder zum Monatsende – diese gelten, es sei denn im Arbeitsvertrag werden andere Kündigungsfristen genannt.

b) Beträgt die Beschäftigungsdauer mehr zwei Jahre, so gelten durch den Arbeitgeber folgende gesetzliche Kündigungsfristen zum Monatsende:

- nach 2 Jahren: 1 Monat Kündigungsfrist
- nach 5 Jahren: 2 Monate Kündigungsfrist
- nach 8 Jahren: 3 Monate Kündigungsfrist
- nach 10 Jahren: 4 Monate Kündigungsfrist
- nach 12 Jahren: 5 Monate Kündigungsfrist
- nach 15 Jahren: 6 Monate Kündigungsfrist
- nach 20 Jahren: 7 Monate Kündigungsfrist

Innerhalb der bis zu sechsmonatigen Probezeit kann jederzeit – von beiden Vertragspartnern! – mit einer Frist von zwei Wochen ohne Grund gekündigt werden.

4 **a)** Jedes **Arbeitszeugnis** muss „wohlwollend“ und „wahr“ für den Arbeitnehmer formuliert sein (das Bundesarbeitsgericht schreibt dies vor).

b) Da keine offenen negativen Inhalte im Arbeitszeugnis stehen dürfen, da der Arbeitnehmer sonst die Chance auf eine neue Stelle verlieren könnte, gibt es verdeckte Formulierungen, die auf den ersten Blick positiv erscheinen, von Fachleuten aber als negativ verstanden werden können.

„Er/sie hat stets zu unserer vollsten Zufriedenheit gearbeitet“ = sehr gut

„Er/Sie hat sich bemüht“ = mangelhaft

5 **a)** Erlaubte Fragen: nach Schulabschluss, Ausbildung, Praktika, Arbeitstätigkeiten

b) Er sollte sie wahrheitsgemäß beantworten.

c) Nicht erlaubt sind Fragen nach Konfession, Familienplanung, Zusammenleben in Partnerschaft, Gewerkschaftszugehörigkeit. Bewerber dürfen diese Fragen „falsch" beantworten und deswegen später nicht gekündigt werden – so die letzte Rechtsprechung vom November 2009.

6 **a)** Person muss länger als sechs Monate im Betrieb sein und Betrieb muss mehr als zehn Beschäftigte aufweisen.

b) Kündigungen nach dem Gesetz sind nur aus personenbedingten Gründen (Krankheit), verhaltensbedingten Gründen (z. B. Prügelei, dauernde Unpünktlichkeit = vorher ist immer eine schriftliche Abmahnung zu erstellen!), betriebsbedingten Gründen (z. B. Auftragsmangel, Betriebsschließung) rechtlich möglich – die Kündigung muss beweisbar sein.

c) „Sozialauswahl" bedeutet, dass bei einer betriebsbedingten Kündigung Arbeitnehmer mit langer Betriebszugehörigkeit, höherem Alter, Unterhaltspflichten und Schwerbehinderung eher ein Recht auf ein Verbleib im Betrieb haben, wenn andere Kollegen mit gleicher Qualifikation und Tätigkeiten diese Merkmale nicht erfüllen.

d) Um zu verhindern, dass besonders qualifizierte Arbeitnehmer bei einer Kündigung nach der Sozialauswahl zuerst gehen müssten, hat der Gesetzgeber im § 1 KSchG eine Ausnahme genannt: Für den Betrieb wichtige, gut qualifizierte Arbeitnehmer können aus der Sozialauswahl herausgenommen werden. Diese Fälle müssen belegt sein und dem Betriebsrat erklärt werden können.

e) Der Betriebsrat ist über jede Kündigung zu informieren und hat eine Woche Zeit, der ordentlichen Kündigung zu widersprechen, z. B. wegen falscher Sozialauswahl. Bei der außerordentlichen Kündigung hat der Betriebsrat drei Tage Widerspruchsfrist – nutzt er diese nicht, gilt die Kündigung als rechtlich zulässig. Das Arbeitsgericht entscheidet im Falle einer Klage dann über die Wirksamkeit der Kündigung.

7 **Europäische Union:**

a) Belgien, Bulgarien, Dänemark, Deutschland, Estland, Finnland, Frankreich, Griechenland, Irland, Italien, Kroatien, Lettland, Litauen, Luxemburg, Malta, Niederlande, Österreich, Polen, Portugal, Rumänien, Schweden, Slowakei, Slowenien, Spanien, Tschechien, Ungarn, Vereinigtes Königreich, Zypern

b) Der Europäische Wirtschaftsraum (EWR) wurde 1994 mit dem Ziel eingerichtet, die EU-Regeln über den Binnenmarkt auf die Länder der Europäischen Freihandelszone

(EFTA) auszudehnen. Norwegen, Island und Liechtenstein gehören dem EWR an, die Schweiz nicht.

c) Die Europäische Sozialcharta von 1961 soll der Bevölkerung in den EU-Staaten umfassende soziale und wirtschaftliche Grundrechte garantieren. Insgesamt sind 19 soziale Rechte angegeben.

Die „bindenden Rechte" sind:

- Recht auf Arbeit,
- Koalitions- oder Vereinigungsrecht,
- Recht auf Kollektivverhandlungen,
- Recht auf soziale Sicherheit,
- soziales Fürsorgerecht,
- Recht auf besonderen gesetzlichen, wirtschaftlichen und sozialen Schutz der Familie,
- Schutzrechte für Wanderarbeiter und ihre Familien.

d) **EURES**: Kooperations- und Informationsverbund der europäischen Arbeits-Verwaltungen mit dem Ziel, den europäischen Arbeitsmarkt mit Vermittlungsdienstleitungen zu fördern

Jobbörse: Unter Jobbörsen versteht man einen Online-Stellenmarkt mit um-fangreichen Sammlungen von Stellenausschreibungen diverser Unternehmen und Stellengesuchen von Bewerbern.

8 **a)** individuelle Antworten, z. B. Tischler = sekundärer Bereich, Hotelbetrieb = tertiärer Bereich

b) Primärer Bereich = An- und Abbaubetriebe, z. B. Land- und Forstwirtschaft
Sekundärer Bereich = Ver- und Bearbeitung in Industrie und Handwerk
Tertiärer Bereich = Dienstleistungsbereich

9 **Beruflicher Wandel** heißt für den Einzelnen stetige Fort- und Weiterbildung, Mobilität zur Erreichung eines Arbeitsplatzes (Umzüge) und mehr Wechsel von Betrieben als früher üblich und nötig.

10 Die **Handwerkskammern** sind die gesetzlich vorgeschriebenen Einrichtungen zur Interessenvertretung und Selbstverwaltung des Handwerks in einem bestimmten Bezirk (oft dem Regierungsbezirk entsprechend).

Sie sind als Körperschaften des öffentlichen Rechts die maßgeblichen Einrichtungen der handwerklichen Selbstverwaltung und können ihre Geschicke grundsätzlich selbst bestimmen. Sie unterstehen der Aufsicht durch das jeweilige Landeswirtschaftsministerium, das auch ihre Satzung erlässt. Ihnen gehören die selbstständigen Handwerker des

Kammerbezirks, die Inhaber handwerksähnlicher Betriebe sowie die Gesellen und Lehrlinge dieser Gewerbetreibenden als Pflichtmitglieder an.

Kennzeichnend für die Handwerkskammern ist ihre Mittelstellung zwischen der gewerblichen Wirtschaft und dem Staat. Aufgaben sind:

- Förderung und Vertretung der Gesamtinteressen des Handwerks
- Führung der Handwerksrolle und Ausstellung der Handwerkskarte
- Erlass von Meisterprüfungsordnungen für die einzelnen Handwerke
- Unterstützung der staatlichen Behörden durch Anregungen, Vorschläge und die Erstellung von Gutachten
- Regelung und Überwachung der Berufsausbildung
- Führung der Lehrlingsrolle
- Durchführung von Fortbildungs- und Umschulungsprüfungen
- Bestellung und Vereidigung von Sachverständigen
- Betriebswirtschaftliche, rechtliche und organisatorische Beratung von Handwerksbetrieben

Die für die Arbeit und Verwaltung der Handwerkskammern anfallenden Kosten werden von den in der Handwerksrolle eingetragenen, selbstständigen Handwerkern und handwerksähnlichen Unternehmern getragen.

Die **Industrie- und Handelskammern** (IHK) sind die gesetzlich bestimmten Interessen-Vertretungsorgane der Unternehmen aus den Bereichen Industrie, Handel und Verkehr. Alle im Kammerbezirk tätigen Gewerbetreibenden außer den selbstständigen Handwerkern gehören der Industrie- und Handelskammer als Pflichtmitglied an.

Die Industrie- und Handelskammern sind Körperschaften des öffentlichen Rechts und werden durch die Wirtschaftsministerien der Bundesländer beaufsichtigt. Ihre Aufgaben sind im Wesentlichen:

- Interessenvertretung und die Förderung der ihnen angehörenden Betriebe aus der gewerblichen Wirtschaft
- Beratung und Unterstützung von Behörden durch Berichte, Vorschläge und Gutachten
- Förderung und Durchführung der kaufmännischen und gewerblichen Berufsausbildung

⑪ **Gewerkschaften** sind freiwillige, privatrechtliche Vereinigungen zur Wahrung und Durchsetzung der wirtschaftlichen und sozialen Interessen von Arbeitnehmern, insbesondere für Tarifverhandlungen. Im Rahmen der durch das Grundgesetz garantierten Tarifautonomie haben die Gewerkschaften zusammen mit den Arbeitgeberverbänden das Recht, die Arbeitsbedingungen (z. B. Lohnhöhen, Arbeitszeiten oder Urlaub) selbstständig und ohne staatlichen Eingriff festzulegen. Einzelne Aufgaben der Gewerkschaften sind z. B. die Verbesserung der Arbeitsbedingungen, die Sicherung von Arbeitsplätzen, die Vertretung von Arbeitnehmern vor Arbeitsgerichten, das Führen von Tarifverhandlungen und der Abschluss von Tarifverträgen.

Arbeitgeberverbände sind freiwillige, privatrechtliche Zusammenschlüsse von selbstständigen Unternehmern (Beispiel: der Metallarbeitgeberverband Hessen). Sie haben die Aufgabe, die sozialpolitischen und arbeitsrechtlichen Interessen der ihnen angeschlossenen Mitglieder gegenüber dem Staat, der Gesellschaft und den Gewerkschaften zu vertreten. Sie führen Tarifverhandlungen mit den Gewerkschaften, schließen Tarifverträge ab und beraten angeschlossene Unternehmer in arbeits- und sozialrechtlichen Fragen. Die Arbeitgeberverbände sind fachlich und regional gegliedert. Die Spitzenorganisation ist die Bundesvereinigung der Deutschen Arbeitgeberverbände (BDA).

12 **Ablauf Tarifverhandlungen**

Während der Laufzeit des Tarifvertrags darf nicht gestreikt oder ausgesperrt werden (= Friedenspflicht der Tarifvertragsparteien); danach darf nach erfolglosen Verhandlungen von der Gewerkschaft der Streik ausgerufen werden, wenn die Mitglieder mit 75 % Zustimmung dies wollen. Wurde der Streik begonnen, dürfen auch die Arbeitgeber der Branche aussperren, d. h., aus Solidarität mit den bestreikten Betrieben ihrerseits die „Tore" von innen schließen. Bei Streik und Aussperrung erhalten die Mitglieder von ihrer Gewerkschaft Streikgeld, die Nicht-Mitglieder gehen leer aus und erhalten auch kein Arbeitslosengeld, da das Arbeitsverhältnis nur „ruht". In die Tarifverhandlungen und Auseinandersetzungen soll sich der Staat nicht einmischen (Tarifautonomie = im Grundgesetz als Koalitionsfreiheit definiert).

I.4 Lösungen zu den gebundenen Aufgaben

Seite 102–102		Seite 104–105		Seite 105–107		Seite 107–109	
1	a	11	c	21	b	31	c
2	c	12	c	22	b	32	b-e
3	d	13	c	23	e	33	c
4	b	14	c	24	a	34	c-e
5	b	15	a	25	c	35	d
6	d	16	c	26	e	36	a
7	c	17	a	27	b-e-d-c-a	37	d
8	c	18	c	28	e	38	a
9	c	19	a	29	c	39	b
10	d	20	e	30	d	40	d

Prüfgebiet II: Nachhaltige Existenzsicherung

II.1 Sozial- und Privatversicherung/Individualversicherung

Situation

„Die Altersrente ist nicht sicher“, ruft Ben in die Diskussion der Auszubildenden über die Sozialversicherung ein. „Quatsch“, entgegnet Leonie: „Der Staat sichert unsere spätere Rente.“ „Viel schlimmer ist die Sache mit der Pflege. Die Menschen werden immer älter und wir Beitragszahler müssen uns demnächst kräftige Abzüge von unserem Lohn gefallen lassen“, wirft Manuel ein.

1 Auch die (Alters-)Rente wird häufig diskutiert.

a) Erklären Sie den Begriff Generationenvertrag und unter welchen Bedingungen er nur funktioniert.

b) Im Jahr 1960 zahlten 15 Arbeitnehmer Beiträge für drei Rentner, im Jahr 2000 „versorgten“ sieben Beitragszahler drei Rentner. Im Jahr 2040 werden etwa vier Beitragszahler für drei Rentner aufkommen müssen. Machen Sie Vorschläge, wie das Rentensystem so verändert werden kann, dass Rente auch für Sie noch gezahlt werden kann.

2 Privatversicherungen/Individualversicherung

a) Teilen Sie die (mindestens je drei) Privatversicherungen in die Kategorien Sach-, Vermögens- und Personenversicherung ein.

b) Unterscheiden Sie mithilfe dreier Merkmale Privat- und Sozialversicherungen.

3 Welche Policen (Versicherungsverträge) kommen in bestimmten Lebensphasen infrage? Welche Versicherungen sollten abgeschlossen werden?

Policen	**Singles**	**kinderlose Paare**	**Familien**
Privathaftpflicht			
Private Unfallversicherung			
Berufsunfähigkeitsversicherung			
Risikolebensversicherung			
Kapitallebensversicherung			
Private Rente/Riesterrente			
Hausratversicherung			

4 Nennen Sie die Leistungen der gesetzlichen Pflegeversicherung.

5 Ein weiteres Zukunftsproblem für Politik und Gesellschaft sind die Leistungen aus der Arbeitslosenversicherung; Stichwort „Hartz IV“.

a) Erklären Sie, welche Leistungen heute ein Arbeitnehmer, der länger arbeitslos ist, von der Agentur für Arbeit in Anspruch nehmen kann.

b) Nennen Sie zwei Gründe, weshalb so häufig über Hartz IV diskutiert und dabei die Frage der Gerechtigkeit gestellt wird.

6 Zur gesetzlichen Krankenversicherung.

a) Die gesetzlichen Krankenkassen mussten in den letzten Jahren trotz steigender Ausgaben die Beiträge nicht erhöhen. Beschreiben Sie zwei Ursachen.

b) Wie hoch ist der aktuelle allgemeine Beitragssatz der gesetzlichen Krankenversicherung?

7 Das Solidaritätsprinzip ist ein Grundpfeiler unseres Sozialsystems. Erläutern Sie den Begriff Solidaritätsprinzip.

8 Begründen Sie anhand eines Arguments den Zweck der gesetzlichen Sozialversicherung.

II.2 Geldanlage, Vermögensbildung, Altersvorsorge

Situation

Es ist keine Überraschung für Karin Meier, als sie die Nachricht erhält, dass ihr Onkel nach längerer Krankheit verstorben ist. Was sie erstaunt, ist die Tatsache, dass sie ein kleines Vermögen geerbt hat. 86 000,00 € beträgt die Summe, die sie erhalten soll.

„Mit dem Geldsegen hat sich Fortuna aber diesmal die Richtigen ausgesucht", so Karin zu ihrem Mann Frank. Die beiden planen: Ein neues Auto, Möbel für das Kinderzimmer und eine Urlaubsreise nach Spanien stehen ganz oben auf der Wunschliste. „Und was machen wir mit dem Rest?" „Den packen wir auf unser Sparbuch", so der Vorschlag ihres Mannes, und er ergänzt: „Da besteht kein Risiko, und wenn wir mal was brauchen, kommen wir recht schnell an das Geld ran." „Aber mit den Zinsen sieht es doch ganz mau aus", so seine Frau Karin und wendet nicht ganz ernst gemeint ein: „Da können wir doch gleich das Geld unters Kopfkissen legen." Frank wird nachdenklich: „Vielleicht sollten wir lieber was für unsere spätere Altersversorgung tun. Denn was man so hört, soll es mit den späteren Zahlungen aus der gesetzlichen Rentenversicherung ja ziemlich mies bestellt sein."

Für beide ist nun klar: Sie müssen sich beraten lassen.

1 „Wer spart, denkt an sich und hilft anderen."
Erklären Sie diese Aussage des ersten Bundespräsidenten der Bundesrepublik Deutschland, Theodor Heuss. Beziehen Sie in Ihre Ausführungen auch die Begriffe Investitionen, Arbeitsplätze und Einkommen ein.

2 Beschreiben Sie die wesentlichen Gründe zu sparen und unterscheiden Sie Sparbuch, Lebensversicherung und Bausparen.

3 Geldanlagemotive und Anlageformen:
Ordnen Sie die jeweiligen Merkmale den Anlageformen zu. Diskutieren Sie danach die Ergebnisse in Ihrer Gruppe.

a) Rentabilität: Wie hoch ist der mögliche Wertzuwachs?
b) Sicherheit: Wie hoch ist das Risiko, Geld zu verlieren?
c) Verfügbarkeit (Liquidität): Wie leicht lässt sich die Geldanlage in Bargeld umwandeln?

Sparform	**Bewertung**	**a) Rentabilität**	**b) Sicherheit**	**c) Verfügbarkeit**
Sparbuch	Sehr hoch Hoch Mittel niedrig			
Tagesgeld	Sehr hoch Hoch Mittel niedrig			
Bundesanleihen	Sehr hoch Hoch Mittel niedrig			
Aktien	Sehr hoch Hoch Mittel niedrig			
Aktienfonds	Sehr hoch Hoch Mittel niedrig			

II.3 Steuern, Transferleistungen des Staates, Lohnformen

Situation

Die Möbelwerke GmbH erhöht die Löhne und Gehälter um die tariflichen Abmachungen – nicht alle Arbeitnehmer und Auszubildenden sind begeistert: „Jetzt werden dadurch auch wieder mehr Steuern und Sozialabgaben fällig“, merkt die Auszubildende Leonie an. Ihre Kolleginnen und Kollegen nicken zustimmend…

1. Beschreiben Sie, für welche Positionen des jährlichen Haushaltes der Bund das meiste Geld ausgibt.

2. Unterscheiden Sie die Begriffe Steuern, Gebühren und Beiträge.

3. Erklären Sie den Begriff Gemeinschaftssteuern und geben Sie zwei Beispiele.

4 Zählen Sie die sieben Einkunftsarten auf.

5 Erklären Sie an einem Beispiel die Handhabung der Umsatzsteuer beim Ein- und Verkauf von Erzeugnissen.

6 Erläutern und unterscheiden Sie Transferleistungen an private Haushalte und Subventionen des Staates.

7 Beschreiben Sie, welche Regelung für die Elternzeit gilt.

8 Unterscheiden Sie die Begriffe Zeit- und Leistungslohn.

9 Nehmen Sie Stellung zum Thema: Mehrwertsteuererhöhung „ja“ oder „nein“.
Welche Folgen hätte dies
a) für den Staat?

b) für die Bürger/Konsumenten?

____

____

____

II.4 Einkommensteuererklärung

Situation

Sie möchten eine Einkommensteuerklärung für das abgelaufene Jahr abgeben. Sie haben bis Ende Juni Ihre Ausbildung beendet und haben anschließend bis Jahresende im selben Betrieb gearbeitet. Die Belege müssen aufbewahrt und zum Teil mit eingereicht werden.

Folgende Sachverhalte sind für die Werbungskosten (alle Aufwendungen, die durch den Beruf, die Arbeit entstanden sind) zu berücksichtigen:

- Fahrtweg von Wohnung zur Arbeitsstätte (einfache Entfernung) 20 km, 200 Mal im Jahr; Fahrt zur Berufsschule im 3. Jahr: 30 Mal je 10 km
- Bewerbungskosten insgesamt: 220,00 €
- Fortbildungskosten insgesamt: 320,00 €
- Arbeitskleidung kaufen und reinigen: 160,00 €
- Fachliteratur: 160,00 €
- Beiträge zum Berufsverband bzw. Gewerkschaft: 90,00 €
- Kontoführungsgebühren: 16,00 € pauschal

1 Erstellen Sie die Anlage zu den Werbungskosten.

Nachhaltige Existenzsicherung

II.5 Gebundene Aufgaben

1 Seit wann besteht in Deutschland die Sozialversicherung?
- ☐ a) 1871
- ☐ b) 1883
- ☐ c) 1889
- ☐ d) 1918
- ☐ e) 1933

2 Für welche Sozialversicherung zahlt der Arbeitnehmer die höchsten Beiträge?
- ☐ a) Krankenversicherung
- ☐ b) Arbeitslosenversicherung
- ☐ c) Unfallversicherung
- ☐ d) Rentenversicherung
- ☐ e) Berufsgenossenschaft
- ☐ f) Lohnsteuer

3 Welche der genannten Versicherungen zählt zu den Individualversicherungen, nicht zur gesetzlichen Sozialversicherung?
- ☐ a) Krankenversicherung
- ☐ b) Unfallversicherung
- ☐ c) Rentenversicherung
- ☐ d) Arbeitslosenversicherung
- ☐ e) Haftpflichtversicherung

4 Welche Aussage über die gesetzliche Krankenversicherung ist richtig?
- ☐ a) Jeder Angestellte, unabhängig vom Bruttogehalt, ist versicherungspflichtig.
- ☐ b) Jeder Arbeiter, unabhängig vom Bruttolohn, ist versicherungspflichtig.
- ☐ c) Der Angestellte erhält im Krankheitsfall 4 Wochen sein Gehalt weiter; danach berzieht er Krankengeld.
- ☐ d) Nach dem Tode des Versicherten zahlt die Krankenkasse Witwenund Waisenrente.
- ☐ e) Das Krankengeld ist für jeden Arbeitnehmer gleich hoch und zeitlich unbegrenzt.
- ☐ f) Keine Antwort ist richtig.

5 Wie ist die Beitragszahlung zur gesetzlichen Krankenversicherung geregelt?
- [ ] a) Die Pflichtversicherten führen 14 % ihres Bruttoeinkommens an die Krankenversicherung ab.
- [ ] b) Arbeitnehmer und Arbeitgeber teilen sich den Beitragssatz, den der Arbeitgeber an die Krankenversicherung abführt.
- [ ] c) Die Arbeitnehmer allein tragen die Kosten der Krankenversicherung.
- [ ] d) Arbeitnehmer, Arbeitgeber und der Bund teilen sich die Kosten.
- [ ] e) Der Arbeitgeber trägt die Kosten zu 100 %.
- [ ] f) Das Defizit der Krankenkassen trägt der Bund zu einem gewissen Teil.

6 Welche Aussage trifft auf das Solidaritätsprinzip zu?
- [ ] a) Soziale Vorsorge ist Aufgabe des Staates.
- [ ] b) Eine Gemeinschaft, die sich selnst verwaltet, deckt die Risiken des einzelnen Mitglieds ab.
- [ ] c) Der Einzelne haftet für seine Lebensrisiken.
- [ ] d) Verwandte in gerader Linie sind sich gegenseitig zur sozialen Sicherung verpflichtet.
- [ ] e) Der Staat hilft erst, wenn der einzelne das selbst nicht mehr schafft.

7 Welche Organe repräsentieren die Verwaltung eines Sozialversicherungszweiges?
- [ ] a) Vertreterversammlung und Geschäftsführung
- [ ] b) Vertreterversammlung und Vorstand
- [ ] c) Arbeitnehmerrat und Arbeitgeberrat
- [ ] d) Senat und Geschäftsführung

8 Dem Arbeitnehmer X werden monatlich Beiträge für die gesetzliche Rentenversicherung abgezogen. Wovon hängt die Höhe dieser Beiträge ab?
- [ ] a) Von seinem Beruf
- [ ] b) Von seinem Alter
- [ ] c) Von seinem Familienstand
- [ ] d) Von seinem Bruttoverdienst
- [ ] e) Von seinem Nettoverdienst

9 Wie ist die Krankenversicherung für Arbeitslose geregelt?
- [ ] a) Mit der Arbeitslosigkeit endet die Versicherungspflicht in der Krankenkasse.
- [ ] b) Der letzte Arbeitgeber muss 6 Wochen lang die Versicherungsbeiträge weiterbezahlen, dann erlischt die versicherungspflicht.
- [ ] c) Sobald der Arbeitslose erfasst ist, übernimmt die Bundeagentur für Arbeit die Beitragszahlungen.
- [ ] d) Ohne dass Beiträge entrichtet werden müssen, ist der Arbeitslose für die Dauer der Arbeitslosigkeit weiterversichert.
- [ ] e) Der Staat zahlt aus Steuermitteln die Beiträge weiter.

10 Welche Aussage zur Beitragsregelung in der gesetzlichen Unfallversicherung ist falsch?

- ☐ a) Arbeitgeber und Arbeitnehmer tragen jeweils die Hälfte des Beitrags.
- ☐ b) Nur der Arbeitgeber ist beitragspflichtig.
- ☐ c) Die Beitragshöhe wird jährlich für den einzelnen Betrieb neu festgesetzt.
- ☐ d) Die Beitragshöhe richtet sich nach der jeweiligen Gefahrenklasse und nach der Größe des Betriebes (Bruttolohnsumme).
- ☐ e) Der Arbeitnehmer trägt keine Beiträge für die Sozialversicherung.

11 Wer legt den Beitragssatz und Beitragsbemessungsgrenze für die Rentenversicherten fest?

- ☐ a) Deutsche Rentenversicherung Bund
- ☐ b) Vertreterversammlung
- ☐ c) Bundestag
- ☐ d) Vertreterversammlung und Vorstand
- ☐ e) Die Wähler bei der Bundestagswahl

12 Wie sind die Beitragsanteile zur Rentenversicherung geregelt?

- ☐ a) 1/3 Arbeitnehmer, 1/3 Arbeitgeber, 1/3 Bund
- ☐ b) Arbeitnehmer und Arbeitgeber je zur Hälfte
- ☐ c) 1/3 Arbeitnehmer, 2/3 Arbeitgeber
- ☐ d) Ausschließlich Arbeitgeber
- ☐ e) Nur der Staat

13 Wer ist Träger der Arbeitslosenversicherung?

- ☐ a) Deutsche Rentenversicherung
- ☐ b) Berufsgenossenschaft
- ☐ c) Bundeagentur für Arbeit
- ☐ d) Deutscher Bundestag
- ☐ e) Die einzelnen Arbeitsagenturen

14 Welche Aufgabe hat die Arbeitslosenversicherung nicht zu erbringen?

- ☐ a) Vermittlung von Arbeitsplätzen
- ☐ b) Gewährung der Sozialhilfe für allein erziehende Mütter
- ☐ c) Durchführung von Umschulung
- ☐ d) Zahlung von Kurzarbeitergeld
- ☐ e) Zahlung von Hartz IV (Arbeitslosengeld II)

15 Für welche Streitigkeiten ist das Arbeitsgericht nicht zuständig?

- ☐ a) Zwischen Betriebsrat und Unternehmensleitung
- ☐ b) Zwischen Arbeitnehmer und Arbeitgeber
- ☐ c) Zwischen Arbeitgeberverband und Gewerkschaft
- ☐ d) Zwischen Arbeitgeber und Berufsgenossenschaft
- ☐ e) Zwischen Arbeitgeber und Gewerkschaft

16 Welche Aufgabe hat die Sozialgerichtsbarkeit zu erfüllen?

- ☐ a) Streitigkeiten zwischen Arbeitnehmer und Arbeitgeber zu klären
- ☐ b) Den Mitgliedern der Sozialversicherung Schutz vor fehlerhaften Entscheidungen der Versicherungen zu gewähren
- ☐ c) Streitfälle zwischen den Sozialversicherungen und der Regierung zu entscheiden
- ☐ d) Einen umfangreichen Leistungskatalog für die Versicherten zu erzwingen.
- ☐ e) Für die Stabilität der Beitragssätze zu sorgen

17 Vor welchem Gericht kann der Kläger in Berufung gehen, wenn seine Klage vom Sozialgericht abgewiesen wurde?

- ☐ a) Verwaltungsgericht
- ☐ b) Landesversicherungskammer
- ☐ c) Landessozialgericht
- ☐ d) Bundessozialgericht
- ☐ e) Landgericht

18 Wo ist der Sitz des Bundessozialgerichts?

- ☐ a) Berlin
- ☐ b) Frankfurt
- ☐ c) Bonn
- ☐ d) Karlsruhe
- ☐ e) Kassel

19 Wer sind die Träger der gesetzlichen Unfallversicherung?

- ☐ a) Krankenkassen
- ☐ b) Berufsgenossenschaften
- ☐ c) Versicherungsgesellschaften
- ☐ d) Bundesagentur für Arbeit
- ☐ e) Betreffende Berufsverbände

20 Zu einer der folgenden Sozialversicherungen muss der Arbeitgeber die Beiträge allein entrichten. Bei welcher der folgenden Versicherungen trifft dies zu?
- ☐ a) Krankenversicherung
- ☐ b) Unfallversicherung
- ☐ c) Rentenversicherung
- ☐ d) Arbeitslosenversicherung
- ☐ e) Invalidenversicherung

21 Die Angestellte Karin Schneider hatte im Monat Juli die folgenden Abzüge:
– Kranken-, Renten-, Pflege- und Arbeitslosenversicherung: 360,– Euro
– Lohnsteuer: 205,– Euro
– Kirchensteuer: 20,– Euro
Wie viel Euro hat ihr Arbeitgeber für diesen Monat insgesamt an die gesetzliche Krankenkasse zu überweisen (aufgerundet)?
- ☐ a) 360,– Euro
- ☐ b) 225,– Euro
- ☐ c) 585,– Euro
- ☐ d) 720,– Euro
- ☐ e) 450,– Euro

22 Welcher der folgenden Arbeitnehmer ist nicht krankenversicherungspflichtig in einer gesetzlichen Krankenkasse?
- ☐ a) Elektriker Kurt Lorenzen, beschäftigt bei Ullmann & Co.; Einkommen monatlich 3.100,– Euro brutto
- ☐ b) Horst Mader, Geschäftsführer der Raiffeisen-Hauprgenossenschaft; Einkommen moantlich 10.500,– Euro brutto
- ☐ c) Auszubildende Karin Struck der Siemens AG
- ☐ d) Angestellter Hortenius, Waldemar, Firma Gießen-Druck; Einkommen monatlich 2.800,– Euro brutto
- ☐ e) Hausgehilfin Karin Schultze bei Zahnarzt Dr. Speitel

23 Welche Angabe über die Arbeitslosenversicherung trifft zu?
- ☐ a) Versicherungspflichtig sind alle Personen, die kranken- oder rentenversicherungspflichtig sind.
- ☐ b) Der Arbeitgeber trägt den Beitrag allein.
- ☐ c) Arbeitslosengeld II wird nur bei unverschuldeter Arbeitslosigkeit gewährt.
- ☐ d) Träger der Arbeitslosenversicherung sind die Deutsche Rentenversicherung Land.
- ☐ e) Arbeitslosengeld I wird gewährt bei unverschuldeter Arbeitslosigkeit, ohne dass eine Wartezeit erfüllt sein muss.
- ☐ f) Arbeitslosengeld II wird immer gewährt, wenn kein Anspruch mehr aus Arbeitslosengeld I besteht.

24 Wer finanziert den „Mehraufwand“ der Rentenversicherungsträger, wenn die Beiträge der Versicherten und der Arbeitgeber nicht ausreichen?

- ☐ a) Können die Renten nicht finanziert werden, dann wird auf „Nettobezogenheit“ umgestellt und die Renten gekürzt.
- ☐ b) Die Deutsche Rentenversicherung Bund in Berlin
- ☐ c) Die Bundesländer zusammen mit dem Bund
- ☐ d) Der Bund allein, denn er hat die Renten garantiert
- ☐ e) Die Berufsgenossenschaften sind zur Zahlung verpflichtet, weil nur die wirtschaftlich stärkeren Arbeitgeber belastet werden sollen.

25 Welche der folgenden Angaben über die gesetzliche Rentenversicherung sind richtig (zwei richtige Antworten)?

- ☐ a) Witwenrente erhält die Witwe ohne Rücksicht auf Alter und Erwerbsfähigkeit; Voraussetzung ist Bedürftigkeit.
- ☐ b) Witwenrente erhält der Witwer ohne Rücksicht auf Alter, Erwerbsfähigkeit oder Bedürftigkeit.
- ☐ c) Die gesetzliche Rentenversichrung gewährt Waisenrente nur, wenn Bedürftigkeit nachgewiesen wird.
- ☐ d) Die gesetzliche Rentenversicherung gewährt Waisenrente ohne Rücksicht auf Bedürftigkeit.
- ☐ e) Männern ab dem 60. Lebensjahr wird ein flexibles Altersruhegeld gewährt.

26 Wer zahlt das Kindergeld aus?

- ☐ a) Kindergarten
- ☐ b) Sozialamt
- ☐ c) Bundesagentur für Arbeit oder Familienkasse
- ☐ d) Krankenkasse
- ☐ e) Deutsche Rentenversicherung Bund

27 Welche Aussage über die gesetzliche Unfallversicherung ist richtig?

- ☐ a) Unfälle auf dem unmittelbaren Weg von und zur Arbeitsstätte fallen nicht in den Bereich der Unfallversicherung.
- ☐ b) Beiträge werden vom Arbeitgeber an die Berufsgenossenschaft gezahlt.
- ☐ c) Beiträge werden vom Arbeitgeber an die Bundesagentur für Arbeit gezahlt.
- ☐ d) Bei Streitigkeiten wegen eines Rentenanspruchs sind die Arbeitsgerichte zuständig.
- ☐ e) Um Unfallrente zu erhalten, ist eine Mindestwartezeit erforderlich.

28 Das Bruttoeinkommen eines Angestellten liegt 300 Euro über der Beitragsbemessungsgrenze in der Krankenversicherung (Beitragssatz 15,5 %).
Welche Aussagen treffen zu (zwei Antworten sind möglich)?

- ☐ a) Dem Angestellten werden 15,5 % des Bruttoeinkommens als Krankenkassenbeitrag vom Gehalt abgezogen.
- ☐ b) Der Krankenkassenbeitrag (Arbeitgeber- + Arbeitnehmeranteil) beträgt 15,5 % der Beitragsbemessungsgrenze.
- ☐ c) Der Krankenkassenbeitrag (Arbeitgeber- + Arbeitnehmeranteil) beträgt 15,5 % des Bruttoeinkommens.
- ☐ d) 15,5 % von 300 Euro hat der Angestellte selbst an die Krankenkasse abzuführen.
- ☐ e) Der Angestellte ist nicht versicherungspflichtig in der gesetzlichen Krankenkasse.
- ☐ f) Der Angestellte ist in allen Zweigen der Sozialversicherung nicht versicherungspflichtig.

29 Welcher Zweig der gesetzlichen Sozialversicherung entstand in Deutschland zuerst?

- ☐ a) Rentenversicherung
- ☐ b) Arbeitslosenversicherung
- ☐ c) Unfallversicherung
- ☐ d) Krankenversicherung
- ☐ e) Pflegeversicherung

30 Ordnen Sie die Träger der Sozialversicherung ihrer Leistung zu, indem Sie richtig zuordnen.

Sozialversicherungsträger:	Leistungen:
① Rentenversicherung	☐ a) Mutterschaftshilfe
② Unfallversicherung	☐ b) Verletztenrente
③ Krankenversicherung	☐ c) Erwerbsminderungsrente
④ Arbeitslosenversicherung	☐ d) Kurzarbeitergeld

31 Wonach richtet sich die Höhe des Beitrags zur gesetzlichen Krankenversicherung bei Pflichtversicherten?

- ☐ a) Nach dem Bruttoeinkommen
- ☐ b) Nach der Anzahl der Familienangehörigen
- ☐ c) Nach der Häufigkeit der jährlichen Krankheitstage
- ☐ d) Nach dem Umfang der gewünschten Leistungen
- ☐ e) Nach der Beschäftigungsdauer

32 Welcher Zweig der Sozialversicherung wurde zuletzt gesetzlich geregelt?

- a) Unfallversicherung
- b) Arbeitslosenversicherung
- c) Rentenversicherung
- d) Krankenversicherung
- e) Pflegeversicherung

33 Wofür wurde hauptsächlich der Sozialversicherungsausweis eingeführt?

- a) Die Beschäftigung in einem EU-Land zu erleichtern
- b) Alle Beschäftigten lückenlos erfassen und überwachen
- c) Sammeln von personenbezogenen Daten, um diese mit dem Finanzamt abzugleichen
- d) Verhinderung der von den Arbeitgebern nicht genehmigten Nebentätigkeiten der Arbeitnehmer
- e) Aufdeckung von illegalen Beschäftigungsverhältnissen und von Leistungsmissbrauch

34 Was wird in der gesetzlichen Krankenversicherung als „Familienversicherung" bezeichnet?

- a) Die Zusammenfassung aller Familienmitglieder in einer Krankenkasse
- b) Die Versicherung aller Familienmitglieder zum ermäßigten Beitragssatz
- c) Die beitragsfreie Mitversicherung von bestimmten Angehörigen des Mitglieds der Krankenkasse
- d) Die Möglichkeit, bestimmte Familienmitglieder zum halben Beitragssatz mitversichern zu lassen
- e) Die Möglichkeit, Kinder aus der gesetzlichen in die private Krankenversicherung anzumelden

35 Wer zahlt in die gesetzliche Krankenversicherung ein? (Stand: 01.01.2011)

- a) Vor allem der Staat
- b) Von den 15,5 % Beitragsatz zahlt der Arbeitnehmer 8,3 %, der Arbeitgeber 7,2 % und der Staat einen bestimmten Zuschuss aus Steuermitteln.
- c) Zu 50 % durch den Staat und zu 50 % durch die Beiträge der Versicherten
- d) zu 50 % von Arbeitgeber und 50 % Arbeitnehmer
- e) zu 95 % durch Arbeitgeber und Arbeitnehmer, die diesen Betrag zu gleichen Teilen aufbringen

36 Welche Kosten machen den größten Anteil an den Krankenversicherungsausgaben aus?

- ☐ a) Kosten für Zahnersatz
- ☐ b) Kosten für ärztliche Behandlung
- ☐ c) Kosten für Krankenhausbehandlung
- ☐ d) Kosten für Arzneimittel
- ☐ e) Kosten für Krankengeld

37 Welche der genannten Versicherungen gehört nicht zur gesetzlichen Sozialversicherung?

- ☐ a) Arbeitslosenversicherung
- ☐ b) Krankenversicherung
- ☐ c) Lebensversicherung
- ☐ d) Unfallversicherung
- ☐ e) Pflegeversicherung

38 Ein Mitglied einer gesetzlichen Krankenkasse wird arbeitslos. Welche Aussage trifft zu?

- ☐ a) Mit Beginn der Arbeitslosigkeit erlischt die gesetzliche Krankenversicherung.
- ☐ b) Mit Beginn der Arbeitslosigkeit wird der Arbeitslose automatisch Mitglied der AOK.
- ☐ c) Der Arbeitslose bleibt Mitglied seiner Krankenkasse; er muss jedoch den halben Beitrag selbst bezahlen.
- ☐ d) Der ehemalige Arbeitgeber muss den Beitrag zur Krankenversicherung drei Wochen lang weiter bezahlen.
- ☐ e) Die Bundesagentur für Arbeit zahlt die Beiträge weiter, wobei der Arbeitslose Mitglied seiner Kasse bleibt.

39 Eine Auszubildende/ein Auszubildender brechen sich beim Handballspielen in der Freizeit das Handgelenk. Wer übernimmt die Krankheitskosten?

- ☐ a) Die gesetzliche Unfallversicherung
- ☐ b) Die Berufsgenossenschaft
- ☐ c) Die Haftpflichtversicherung
- ☐ d) Der/die Auszubildende selbst
- ☐ e) Die gesetzliche Krankenkasse

40 Welche der folgenden Aufgaben ist die wichtigste für die Berufsgenossenschaft?

- ☐ a) Die Erhebung von Bußgeldern bei Verstößen gegen die Unfallverhütungsvorschriften
- ☐ b) Die Erforschung der Ursachen von Unfällen im häuslichen Bereich
- ☐ c) Die Verhütung von Arbeitsunfällen
- ☐ d) Die Erstellung und Veröffentlichung einer jährlichen Unfallstatistik
- ☐ e) Die Schlichtung von Streitigkeiten zwischen Arbeitgebern und Arbeitnehmern nach Arbeitsunfällen

II.1 Lösungen zu: Sozial- und Privatversicherung

1 **a)** Der Generationenvertrag ist eine nicht schriftlich festgelegte Regelung, die beinhaltet, dass die heutigen Rentner von den heutigen Arbeitnehmern durch deren Beiträge finanziert werden mit der Erwartung, dass die heutigen Arbeitnehmer im Alter ebenfalls von der nachfolgenden Generation entsprechend über die Rentenzahlungen unterstützt werden.

b) Vorschläge zur Aufrechterhaltung des heutigen Rentensystems:

- Aufgrund der demografischen Entwicklung (Menschen werden immer älter, es werden immer weniger Kinder geboren und damit stehen weniger Arbeitnehmer später zur Verfügung) erfolgt die reguläre Rentenzahlung ohne Abschläge erst mit 67 Jahren.
- Die monatlichen Rentenzahlungen müssten gesenkt werden, um die Beitragszahler nicht immer mehr zu belasten.
- Leichte Erhöhung der Beiträge zur Rentenversicherung und gleichzeitig ein höherer Zuschuss des Staates aus Steuermitteln für die Rentenversicherungskassen.

2 **a)** Sachversicherungen: Hausrat-, Wohngebäude-, Kaskoversicherungen
Vermögensversicherungen: Rechtsschutz-, Haftpflicht-, Feuerversicherung
Personenversicherungen: Risikolebens-, Berufsunfähigkeits-, Kapitallebensversicherung.

b) Die Sozialversicherungen sind gesetzlich für den Arbeitnehmer verpflichtend, ihre Beiträge und Leistungen sind gesetzlich geregelt. Dies alles gilt nicht für die Privatversicherungen, die jeder selbst abschließen muss.

3 Policen:

Policen	Singles	Kinderlose Paare	Familien
Privathaftpflicht	ja	ja	ja
Private Unfallversicherung	nein	nein	ja
Berufsunfähigkeitsversicherung	ja	ja	ja
Risikolebensversicherung	nein	nein	ja
Kapitallebensversicherung	nein	nein	nein
Private Rente/Riesterrente	nein	nein	ja
Hausratversicherung	nein	ja	ja

4 Leistungen der Pflegeversicherung: Pflegegeld für ambulante und stationäre Pflege, Sachleistungen, z. B. für spezielle Betten.

5 Stichwort Hartz IV

a)
- Förderung der beruflichen Bildung, z. B. Umschulung, Fortbildung
- Förderung der Arbeitsaufnahme, z. B. Zuschüsse zu Bewerbungskosten, Umzugskostenbeihilfe
- Zahlung von Arbeitslosengeld I und II

Anspruch auf Arbeitslosengeld I hat jede versicherte Person, die arbeitslos ist, sich bei der Agentur für Arbeit arbeitslos gemeldet hat und die Anwartschaft erfüllt hat. Diese hat erfüllt, wer vorher mindestens zwölf Monate in einem versicherungspflichtigen Arbeitsverhältnis gestanden hat. Zahlung von Arbeitslosengeld I sechs Monate bzw. bei mindestens zwei Jahren Beschäftigung vor der Arbeitslosigkeit zwölf Monate. Das Arbeitslosengeld I beträgt 67 % für Arbeitslose mit Kindern und 60 % für alle übrigen, bezogen auf den letzten Netto-Arbeitsverdienst. Arbeitnehmer über 55 Jahre können diese Leistung 18 Monate lang erhalten.

Anspruch auf Arbeitslosengeld II (Hartz IV) hat, wer nach Erhalt des Arbeitslosengelds I weiter arbeitslos ist, weiterhin der Arbeitsvermittlung zur Verfügung steht und bedürftig ist. Bedürftigkeit liegt dann vor, wenn Einkommen oder Vermögen der Person oder seiner Familienangehörigen für den Lebensunterhalt nicht ausreichen. Der Regelsatz von Arbeitslosengeld II beträgt 424,00 € (Stand: 1. Januar 2019) für den Antragsteller; + Zuschläge für Ehegatten + Kinder; zusätzlich zahlt die Bundesagentur für Arbeit Zuschüsse für die Wohnung (Miete) + Beiträge zur Renten- und Krankenversicherung. Arbeitslosengeld II kann unbefristet gezahlt werden.

b) Viele Menschen/Arbeitnehmer halten es für falsch, ohne Gegenleistung Geld zu zahlen in einer Höhe, die viele Arbeitnehmer trotz harter Arbeit nicht erreichen.

Viele Menschen dagegen halten die Hartz-IV-Sätze für zu niedrig und damit für nicht menschenwürdig.

6 Gesetzliche Krankenversicherung

a) Höhere Einnahmen durch relativ niedrige Arbeitslosigkeit; Die steigenden Einkommen finanzieren die Krankenkassen erheblich.

b) Seit 2018 beträgt der Beitragssatz 14,6 %, gleich verteilt auf AN und AG.

7 Das Sozialversicherungssystem beruht auf dem **Solidaritätsprinzip**, d. h., alle Arbeitnehmer und Arbeitgeber zahlen abhängig vom Bruttoeinkommen ein – die jeweils Bedürftigen (Rentner, Kranke, Arbeitslose, Pflegebedürftige) erhalten aus diesem „Topf" die Leistungen je nach Notwendigkeit.

8 Der Einzelne kann sich nur sehr teuer oder nur unzureichend gegen große Risiken wie z. B. schwere Krankheiten, Arbeitsunfall, Arbeitslosigkeit absichern. Er braucht dazu die Solidargemeinschaft.

II.2 Lösungen zu: Geldanlage, Vermögensbildung, Altersvorsorge

1 Wer spart, legt sein Geld gegen (normalerweise) Zinsen bei seiner Bank oder Sparkasse an. Diese „verkauft" das Geld gegen Zinsen an Unternehmen, die damit investieren (Geschäft aufbauen, vergrößern oder Betriebe neu gründen) und so Arbeitsplätze schaffen. Dies führt zu Einkommen bei Arbeitnehmern und Unternehmern, die davon konsumieren und auch sparen, sodass der Kreislauf erneut beginnt.

2 Die Gründe zu sparen sind sicher sehr individuell, jedoch möchte jeder Sparer sein Vermögen vergrößern, eine Sicherheit der Geldanlage haben und eventuell gleichzeitig über eine bestimmte Summe für Urlaub, Pkw-Kauf etc. verfügen können.

3

Sparform	**Bewertung**	**a) Rentabilität**	**b) Sicherheit**	**c) Verfügbarkeit**
Sparbuch	Sehr hoch		X	
	Hoch			X
	Mittel			
	niedrig	X		
Tagesgeld	Sehr hoch		X	
	Hoch			
	Mittel	X		
	niedrig			
Bundesanleihen	Sehr hoch		X	
	Hoch			
	Mittel	X		X
	niedrig			
Aktien	Sehr hoch			
	Hoch	X		
	Mittel		X	X
	niedrig			
Aktienfonds	Sehr hoch			
	Hoch	X		
	Mittel		X	X
	niedrig			

II.3 Lösungen zu: Steuern, Transferleistungen des Staates, Lohnformen

1. Hauptausgabepositionen des Bundes (2019):
   - Arbeit und Soziales = 144 Mrd. €
   - Verteidigung = 42,9 Mrd. €
   - Verkehr und Infrastruktur = 29 Mrd. €
   - Bildung und Forschung = 18,1 Mrd. €

2. Steuern: Geldleistungen, die vom Staat erhoben werden, ohne dass eine besondere Gegenleistung besteht.
   Gebühren: für Verwaltungsleistungen wie z. B. Passgebühren, Müllgebühren.
   Beiträge: einmalige Zahlungen für die Nutzung öffentlicher Einrichtungen wie z. B. Erschließungsbeiträge für den erstmaligen Straßenausbau.

3. Gemeinschaftssteuern sind Steuern, die sich Bund, Land und evtl. auch Gemeinde teilen, z. B. Einkommensteuer, Umsatzsteuer.

4. Einkünfte aus:
   1. Land- und Forstwirtschaft, z. B. Getreideverkauf
   2. Gewerbebetrieb, z. B. Einnahmen aus dem Möbelverkauf
   3. selbstständiger Arbeit, z. B. Einnahmen eines Steuerberaters
   4. nichtselbstständiger Arbeit, z. B. Gehalt eines Angestellten
   5. Kapitalvermögen, z. B. Zinseinkünfte aus Geldanlagen
   6. Vermietung und Verpachtung, z. B. Mieteinnahmen aus Ladenvermietung
   7. sonstige Einkünfte, z. B. Rente oberhalb der Freibeträge

5. Kauft ein Unternehmer Material für 10 000,00 €, muss er dem Lieferanten 11 900,00 € bezahlen (19 % Umsatzsteuer auf jede Lieferung und Leistung im Inland!). Die gezahlte Umsatzsteuer darf der Unternehmer als „Vorsteuer" gegenüber dem Finanzamt geltend machen. Verkauft er z. B. das Produkt für 15 000,00 € + 2 850,00 € Umsatzsteuer = 17 850,00 €, muss er an das Finanzamt noch 2 850,00 € – 1 900,00 € = 950,00 € überweisen. Letztlich zahlen die Endverbraucher/Konsumenten die Umsatzsteuer.

6. Transferleistungen an Haushalte, wie z. B. Kindergeld und Wohngeld, oder Subventionen an Unternehmen, wie z. B. ermäßigte Grundstückpreise bei Ansiedlung, sind immer staatliche Zahlungen ohne unmittelbare Gegenleistungen und ohne Rückzahlung.

7. Anspruch auf **Elternzeit** besteht für maximal drei Jahre ab der Geburt; während dieser Zeit besteht absoluter Kündigungsschutz – die Kündigungsfrist beträgt drei Monate zum Ende der Elternzeit. Die Elternzeit kann von jedem Elternteil allein oder von beiden Elternteilen gemeinsam genommen werden.

8 Der **Zeitlohn** wird als monatliche gleichbleibende Vergütung (Ausbildungsvergütung, Gehalt) oder als Stundenlohn gezahlt. Er wird als Entlohnungsform gewählt, wenn die Qualität der Arbeit wichtig ist.

Der **Leistungslohn** bewertet die erbrachte Leistung, z. B. in der Menge (Akkordlohn), oder als Prämie, z. B. für einen eingehaltenen Termin oder bei Unterschreitung einer Ausschussquote in der Produktion (Prämienlohn).

9 Diskussion: Mehrwertsteuererhöhung – Ja/Nein?

a) Für den Staat: Er erzielt höhere Einnahmen, muss allerdings politisch Rücksicht nehmen auf die sozial Schwachen, die stärker belastet werden.

b) Für die Bürger/Konsumenten: Sie werden bei jedem Kauf stärker belastet, die Kaufkraft des verfügbaren Einkommens sinkt – und so die Meinung vieler: Der Staat hat sowieso genug Steuereinnahmen.

c) Sie ist eine ‚gerechte' Steuer, da sie höhere Einkommen bei mehr Konsum stärker belastet.

II.4 Lösung zu Einkommensteuererklärung

Name: Steuernummer:
Adresse:
Anlage N – Werbungskosten

Fahrten zur Arbeitsstätte	
200 x 20 km x 0,30 €	1 200,00 €
Fahrten zur Berufsschule	
30 x 10 km x 0,30 €	90,00 €
Bewerbungskosten	220,00 €
Fortbildungskosten	320,00 €
Aufw. f. Arbeitskleidung	160,00 €
Fachliteratur	160,00 €
Beiträge zu Berufsverband/Gewerkschaft	90,00 €
Kontoführungsgebühren	16,00 €
Summe Werbungskosten	2 256,00 €

Da der Werbungskostenpauschbetrag von 1 000,00 € jährlich schon in der Steuertabelle eingearbeitet ist, kann nur die Differenz (2 256,00 € – 1 000,00 €) steuermindernd geltend gemacht werden.

II.5 Lösungen zu den gebundenen Aufgaben

Seite 130–132		Seite 132–134		Seite 134–136		Seite 136–138	
1	b	11	c	21	d	31	a
2	d	12	b	22	b	32	e
3	e	13	c	23	e	33	e
4	f	14	b	24	d	34	c
5	f	15	d	25	b-d	35	b
6	b	16	b	26	c	36	c
7	b	17	c	27	b	37	c
8	d	18	e	28	b-e	38	e
9	c	19	b	29	d	39	e
10	a	20	b	30	1c-2b-3a-4d	40	c

Prüfgebiet III: Unternehmen und Verbraucher in Wirtschaft und Gesellschaft

III.1 Ziele, Aufgaben und Aufbau von Betrieben und Unternehmen

Situation

Der Auszubildende Ben hält es für wichtig, dass Betriebe wie sein Möbelwerk Gewinne machen, um weiterhin neue Entwicklungen finanzieren zu können. Dagegen hält seine Kollegin Leonie das vorrangige Gewinnziel für falsch, da mit dem Geld in erster Linie die Anteilseigner der GmbH bedient würden ...

1 Das erwerbswirtschaftliche Prinzip ist das oberste Ziel einer Unternehmung in der Marktwirtschaft.
Nennen Sie drei Unterziele, um das oberste Ziel zu erreichen.

2 Ordnen Sie den Aufgabenbereichen Beschaffung, Produktion, Absatz und Verwaltung je ein Beispiel zu.

3 Unterscheiden und erläutern Sie die üblichen Fertigungsverfahren in einem Industriebetrieb.

4 Die Marktanalyse und die Marktbeobachtung sind Verfahren der Marktforschung und damit wesentlich für das Gelingen des Marketings. Beschreiben Sie diese Verfahren.

5 Beschreiben Sie die Begriffe Aufbau- und Ablauforganisation anhand Ihres Betriebes.

III.2 Rechtsformen, Kosten und Leistungen, Zusammenschlüsse von Unternehmen

Situation: Rechtsformen I

Fritz Huber betreibt als Einzelunternehmer eine Großhandlung für Sanitäreinrichtungen. Die gute Geschäftsentwicklung ermöglicht eine Geschäftserweiterung; dazu benötigt er 200 000,00 €.

- **Herrn Hubers Bank ist bereit, ihm 200 000,00 € als Darlehen mit 7,5 % Verzinsung einzuräumen.**
- **Franz Ebner, ein Fachmann im Sanitärbereich, bietet an, als Gesellschafter in das Unternehmen einzutreten. Er will 200 000,00 € einbringen, wenn das Einzelunternehmen in eine OHG umgewandelt wird und er als gleichberechtigter Gesellschafter aufgenommen wird.**

1 **a)** Welche Vorteile hat jede dieser beiden Möglichkeiten für Herrn Huber? Beschreiben Sie je zwei Vorteile.
Wählen Sie für die Gesellschaft die Firmenbezeichnung.

b) Beschreiben Sie präzise die Haftung in der OHG.

c) Peter Schreiner ist Anfang des Jahres in eine schon bestehende OHG eingetreten. Letzte Woche wurde er von den beiden Gesellschaftern mit der Aufforderung überrascht, den Verlust des letzten Jahres von 90 000,00 € anteilsmäßig mit zu tragen. Peter Schreiner weigert sich mit dem Hinweis darauf, dass er die Schulden ja gar nicht mit verursacht habe. Beurteilen Sie diese rechtliche Situation.

Situation: Rechtsformen II

Ein Bekannter von Herrn Huber, Dominik Gütermann, ist bereit, ein bebautes Grundstück (Haus) im Wert von 200 000,00 € als Gesellschafter in das Unternehmen einzubringen. Herr Gütermann will jedoch nicht mitarbeiten und seine Haftung auf seine Einlage beschränken. Herr Huber nimmt Herrn Gütermanns Angebot an und lässt die Gesellschaft eintragen.

2 a) Wählen Sie für die Gesellschaft die Firmenbezeichnung.

b) Warum ist es sinnvoll, dass Gütermanns Name nicht in die Firmenbezeichnung aufgenommen wird?

c) Beschreiben Sie notwendige Inhalte für den Abschluss des Gesellschaftsvertrages.

d) Der Kommanditist Gütermann kauft Badewannen für 50 000,00 €. Dabei gibt er an, als Gesellschafter für die KG zu handeln. Erklären Sie, ob die KG zahlen muss.

e) Im ersten Geschäftsjahr wurde ein Gewinn von 342 000,00 € erwirtschaftet. Gemäß Gesellschaftsvertrag wird das Kapital (Huber: 1 600 000,00 €, Gütermann: 400 000,00 €) mit 8 % verzinst; Herr Huber erhält außerdem als Vergütung für seine unternehmerische Tätigkeit monatlich 6 000,00 €.
Vom Restgewinn bekommen Herr Huber 70 % und Herr Gütermann 30 %.
Welche Anteile vom Jahresgewinn erhält jeder der beiden Gesellschafter?

3 Die Möbelwerke GmbH hat folgende Aufwendungen im Monat:

- Rohstoffaufwendungen: 200 000,00 €
- Löhne/Gehälter: 160 000,00 €
- Sozialaufwendungen: 32 000,00 €
- Energiekosten: 24 000,00 €
- Spenden: 8 000,00 €

Die Erlöse aus verkauften Produkten betragen 560 000,00 €.
Ermitteln Sie

a) die Summe aller Kosten.

b) den Betriebsgewinn und prüfen Sie, ob der Betrieb wirtschaftlich arbeitet.

4 Im Jahr 2016 erzielte ein Metallbaubetrieb einen Gewinn von 130 000,00 €, im Jahr 2017 von 150 000,00 €. An Eigenkapital verfügte der Betrieb im Jahr 2016 über 390 000,00 €, im Jahr 2017 über 600 000,00 €.
Errechnen Sie, wie sich die Eigenkapitalrentabilität in den beiden Jahren verändert hat.

5 Unterscheiden Sie die Begriffe Kartell und Fusion und begründen Sie, weshalb Gesetze Zusammenschlüsse großer Unternehmen verhindern sollen.

III.3 Verbraucher, Verträge, Verbraucherschutz

Situation

Wir Bundesbürger leben in einer Konsumgesellschaft – mit der Vorstellung, eine Höchstzahl von Bedürfnissen mittels Kauf zu befriedigen. Das beginnt mit dem Essen, und auch der Urlaub gehört dazu.
Um Betrug zu verhindern und den Konsumenten zu schützen, gibt es das Verbraucherrecht, d.h. Organisationen und Regelungen, die uns gegenüber den Anbietern schützen sollen.

Gehören Sie zu den Menschen, die darüber Bescheid wissen?

1 Wirtschaftlichkeitsprinzip:
Prüfen Sie, welchem der folgenden Sachverhalte das ökonomische Prinzip (Maximal- oder Minimalprinzip) zugrunde liegt, und erklären Sie für diese Fälle das jeweilige Prinzip.

a) In der Konstruktionsabteilung einer Automobilfabrik wird erreicht, dass bei gleicher PS-Zahl und unveränderten Beschleunigungswerten der Benzinverbrauch eines bestimmten Typs um 10 % gesenkt wird.

b) In einer Möbelfabrik, die Bücherwände herstellt, war ein Unternehmensberater tätig. Aufgrund einer von ihm vorgeschlagenen Änderung des Fertigungsablaufs war es möglich, ohne zusätzliche Investitionen und ohne zusätzliches Personal die Produktion um 6 % zu erhöhen.

c) Eine Organisation, die sich dem Schutz der Umwelt widmet, wirbt um Spenden mit dem Hinweis, dass bei gleichem Spendenaufkommen die Kosten für die Verwaltung von 0,8 % auf 0,5 % des Spendenaufkommens reduziert werden konnten.

d) In einem Weinanbaugebiet sind im Frühjahr die Blütenansätze der Trauben überwiegend erfroren. Wegen der geringen Erträge steigen die Preise für die Weine des Jahrgangs. Ein Weinbauer, dessen Weinberge in einer besonders geschützten Lage liegen, macht deshalb mit dem Verkauf des Weins (in gleicher Menge) dieses Jahrgangs einen viel höheren Gewinn als mit dem Verkauf früherer Jahrgänge.

2 Erklären Sie die Begriffe Nachfrage, Bedürfnisse, Kaufkraft, Bedarf und bringen Sie diese in einen sinnvollen Zusammenhang.

3 Welches Ministerium ist für Verbraucherschutz zuständig?

4 Welches sind die wesentlichen Bestimmungen des Wettbewerbs- und Verbraucherrechts?

5 Wie können Verbraucher objektiv informiert werden?

6 Wie sollten sich Verbraucher bei Reklamationen, z. B. mangelhafte Lieferung einer Ware, verhalten?

7 Was leistet die Europäische Union (EU) für den Schutz der Verbraucher?

8 Was bedeutet das Gesetz gegen unlauteren Wettbewerb (UWG-Gesetz) im Einzelnen?

III.4 Existenzgründung, soziale Marktwirtschaft, Globalisierung, Datenschutz

Situation:

Seit 25. Mai 2018 ist die Datenschutz-Grundverordnung (DSGVO) der Europäischen Union in Kraft. Mit ihr werden die Regeln zur Verarbeitung personenbezogener Daten durch private Unternehmen und öffentliche (staatliche) Stellen EU-weit vereinheitlicht.
Sind Sie in Ihrem Betrieb mit diesem Thema befasst? Und wenn ja, in welcher Weise?

1 Die Datenschutz-Grundverordnung der EU soll den Einzelnen davor schützen, dass er durch den Umgang anderer mit seinen Daten in seinem Persönlichkeitsrecht beeinträchtigt wird.

a) Nennen Sie die Inhalte des Gesetzes.

b) Begründen Sie die Notwendigkeit des Datenschutzes für sich an Beispielen.

c) Wie geht Ihr Betrieb mit dem neuen Gesetz um?

2 Bei Gründung eines Unternehmens sollten rechtliche, persönliche und fachliche Gründe geprüft werden, um sicher in die Selbstständigkeit zu gehen.

a) Zählen Sie die Einrichtungen auf, bei denen Anmeldepflicht besteht.

b) Beschreiben Sie die Phasen, die bis zur Eröffnung der eigenen Firma wichtig sind, um an das Ziel („Es geht los“) zu gelangen.

c) Wesentlich zum Gelingen einer eigenen Firma trägt der durchdachte Businessplan bei. Erklären Sie seinen Inhalt.

3 Die soziale Marktwirtschaft ist die Wirtschaftsordnung unseres Staates.

a) Beschreiben Sie mithilfe eines Beispiels die Bedeutung von Angebot und Nachfrage.

b) Als „Vater des deutschen Wirtschaftswunders“ gilt Ludwig Erhard (nach dem Zweiten Weltkrieg lange Jahre Bundeswirtschaftsminister), der durch seine Politik für einen unvergleichlichen Wirtschaftsboom sorgte. Nennen Sie die wesentlichen Grundsätze dieser Politik, die wir heute als soziale Marktwirtschaft bezeichnen.

4 Arbeitsteilung ist ein wesentliches Merkmal einer Marktwirtschaft. Erklären Sie diesen Begriff.

5 Der Begriff „Globalisierung" steht für weltweiten Güteraustausch, für unbegrenzte Reisemöglichkeiten und sekundenschnellen Informationsaustausch durchs Internet.

a) Welche der genannten Sachverhalte widersprechen diesem Inhalt?

1. Ein Staat erhebt Schutzzölle auf eingeführte Waren.
2. Ein Unternehmen verlegt seine Produktion von Russland zurück nach Deutschland.
3. Die Europäische Union (EU) verbietet den Export von Hochtechnologie in bestimmte Länder.
4. Ein Staat will den ausländischen Pkw-Hersteller zur Produktion im Verkaufsland zwingen.
5. Ein Staat erhöht die Besteuerung von Zinsen aus Kapital, worauf dieses in andere Länder abwandert.
6. US-Investoren legen ihr Geld in Großbritannien an, weil dort die Zinsen höher sind.
7. Durch Veränderung des Wechselkurses Dollar zu Euro werden deutsche Autos in den USA teurer.
8. Ein Staat verbietet ausländischen Investoren, die Mehrheit an einer inländischen Aktiengesellschaft zu übernehmen.

b) Beschreiben Sie je zwei Argumente pro und kontra die Globalisierung. Nutzen Sie für Ihre Ausführungen auch das Internet.

c) Die sogenannten Multis (multinationale Unternehmen) werden häufig negativ im Rahmen der Globalisierungsdiskussion genannt.
Erörtern Sie an Beispielen deren Rolle als Arbeitgeber, Güteranbieter, Wettbewerber.

Unternehmen und Verbraucher in Wirtschaft und Gesellschaft

III.5 Gebundene Aufgaben

1 Nennen Sie das oberste Ziel einer erwerbswirtschaftlich/privat geführten Unternehmung.

- ☐ a) Gute Versorgung der Verbraucher
- ☐ b) Produktion von Gütern und Dienstleistungen
- ☐ c) Sicherung der Arbeitsplätze
- ☐ d) Steigerung der Arbeitsplätze
- ☐ e) Erwirtschaften von Gewinnen

2 Die wichtigsten (klassischen) Aufgaben eines Industrie-/Handwerksbetriebessind

- ☐ a) Leitung, Beschaffung, Kalkulation
- ☐ b) Beschaffung, Herstellung/Fertigung, Absatz/Vertrieb
- ☐ c) Finanzierung, Forschung, Herstellung
- ☐ d) Kalkulation, Herstellung, Lagerung
- ☐ e) Buchführung, Herstellung, Verwaltung

3 In der Industrie werden Urprodukte wie Holz, Zwischenprodukte wie Stahl und Endprodukte für den Verbraucher gewonnen und hergestellt. Welcher Betrieb stellt vor allem Endprodukte her?

- ☐ a) Stahlwerk
- ☐ b) Werkzeugmaschinenfabrik
- ☐ c) Kohlenbergwerk
- ☐ d) Holzsägewerk
- ☐ e) Schuhfabrik

4 Bei den betriebswirtschaftlichen Produktionsfaktoren unterscheidet man den Boden (Rohstoffquelle), den Faktor Arbeit (Arbeitskraft) und das Kapital im Sinne von Sachvermögen wie Maschinen, Gebäude (= Produktionsmittel). Bei welcher Fertigung spielt das Kapital die wichtigste Rolle?

- ☐ a) Weinanbau
- ☐ b) Anfertigen eines Gemäldes
- ☐ c) Einzelfertigung von Hochzeitskleidern
- ☐ d) Industrielle Herstellung von Druckereimaschinen
- ☐ e) Kunsthandwerkliche Herstellung von Töpfen und Vasen

5 Welche Abteilung eines Betriebes beschäftigt sich mit der Beschaffung von Gütern?
- ☐ a) Fertigung
- ☐ b) Arbeitsvorbereitung für die Fertigung
- ☐ c) Konstruktion
- ☐ d) Materialprüfung
- ☐ e) Materialeinkauf

6 Jeder Herstellungsbetrieb benötigt für seine Produktion eine bestimmte Menge an Roh-, Hilfs- und Betriebsstoffen, um jederzeit produktionsbereit zu sein. Diese Vorratsmenge heißt
- ☐ a) Mehrbestand.
- ☐ b) Mindestbestand.
- ☐ c) Oberer Lagerbestand.
- ☐ d) Unterer Lagerbestand.
- ☐ e) Optimaler Lagerbestand.

7 Marketing ist
- ☐ a) der Verkauf im Einzelhandel.
- ☐ b) die vom Markt her bestimmte Unternehmensführung.
- ☐ c) der Absatz eines Unternehmens.
- ☐ d) nur die Preispolitik des Unternehmens.
- ☐ e) überwiegend die Produktpolitik eines Unternehmens.

8 Kommunikationspolitik umfasst
- ☐ a) nur Werbung.
- ☐ b) auch Preis- und Produktpolitik.
- ☐ c) überwiegend Arbeit im Call-Center.
- ☐ d) Werbung und Öffentlichkeitsarbeit.
- ☐ e) überwiegend Vertriebspolitik.

9 Die Ablauforganisation eines Betriebes bedeutet
- ☐ a) unerwartete Betriebsprobleme zu lösen.
- ☐ b) Zuständigkeiten in einem Betrieb festzulegen.
- ☐ c) ein Organigramm zu erstellen.
- ☐ d) Arbeitsgänge in zeitlicher und räumlicher Hinsicht festzulegen.
- ☐ e) Abteilungen zu bilden.

10 Zur Abwicklung von Verwaltungsarbeiten im Büro gehört
- ☐ a) die Lagerverwaltung.
- ☐ b) die Arbeitsvorbereitung für die Produktion.
- ☐ c) die Kontrolle der Produktion.
- ☐ d) die Erstellung von Rechnungen.
- ☐ e) die Materialdisposition im Einkauf.

11 Eine Unternehmung stellt Fenster her. Aufgrund der starken Konkurrenz müssen die Preise gesenkt werden, wodurch die Verkaufserlöse sinken. Welche Aussage ist richtig?
- ☐ a) Die Wirtschaft wird größer.
- ☐ b) Die Produktivität steigt.
- ☐ c) Die Rentabilität wird größer.
- ☐ d) Die Wirtschaftlichkeit wird kleiner.
- ☐ e) Der Gewinn wird größer.

12 Welche Aussage über die Einzelunternehmung ist richtig?
- ☐ a) Bei Einzelunternehmen tragen immer mehr Kapitalgeber das Risiko.
- ☐ b) Einzelunternehmen sind grundsätzlich besonders kapitalstark.
- ☐ c) Einzelunternehmen sind besonders kreditwürdig.
- ☐ d) Einzelunternehmen können sich veränderten Marktsituationen nur schwer anpassen.
- ☐ e) Einzelunternehmen hängen sehrstark von der Fähigkeit des Unternehmens ab.

13 Welche der Auswahlantworten ist richtig zugeordnet?
- ☐ a) Die Gesellschaft mit beschränkter Haftung [GmbH] ist eine Personengesellschaft.
- ☐ b) Die Einzelunternehmung ist eine Kapitalgesellschaft.
- ☐ c) Die Offene Handelsgesellschaft [OHG] ist eine Personengesellschaft.
- ☐ d) Die Aktiengesellschaft [AG] ist eine Personengesellschaft.
- ☐ e) Die Kommanditgesellschaft [KG] ist eine Kapitalgesellschaft.

⓮ Welche Aussage zur Wirtschaftlichkeit ist richtig?

- [ ] a) Durch mehr Urlaub wird sie erhöht.
- [ ] b) Sie sinkt, wenn die Preise für bezogene Rogstoffe günstiger sind.
- [ ] c) Durch sinkende wöchentliche Arbeitszeit bei vollem Gehalt steigt sie.
- [ ] d) Sie steigt wenn die Energiekosten fallen.
- [ ] e) Sie steigt bei steigenden Löhnen und Gehältern.

⓯ Bei welcher der genannten Firmen handelt es sich um eine Einzelunternehmung?

- [ ] a) Haarschmiede Beatrice Anschütz e.Kfr.
- [ ] b) Werner Schulz Lederwaren GmbH
- [ ] c) Maschinenwerke AG
- [ ] d) Walter, Fink und Niemöller OHG
- [ ] e) Franz Huber Sanitärgroßhandel KG

⓰ Was bedeutet die Abkürzung KG auf dem Briefkopf einer Firma‘

- [ ] a) Kleingewerbebetrieb
- [ ] b) Kreisgenossenschaft
- [ ] c) Kommanditgesellschaft
- [ ] d) Kölner Gewerbebau
- [ ] e) Komplementärgesellschaft
- [ ] f) Kolonialgesellschaft

⓱ In welcher Unternehmungsform gibt es mindestens einen Komplementär?

- [ ] a) OHG
- [ ] b) AG
- [ ] c) GmbH
- [ ] d) KG
- [ ] e) e.Kfm
- [ ] f) Stille Gesellschaft

18 Welche Unternehmungsform gehört zu den Kapitalgesellschaften?

- ☐ a) KG
- ☐ b) OHG
- ☐ c) GmbH
- ☐ d) Einzelunternehmen
- ☐ e) GmbH & Co. KG

19 Kosten sind

- ☐ a) alle Ausgaben eines Betriebes.
- ☐ b) alle Einnahmen eines Betriebes.
- ☐ c) alle für die Produktion benötigten Aufwendungen.
- ☐ d) alle Spenden eines Betriebes an Hilfswerke.
- ☐ e) alle den Kunden in Rechnung gestellte Leistungen.
- ☐ f) alle Miet- und Finanzausgaben.

20 Der Umsatz eines Betriebes ist die Summe

- ☐ a) aller produzierten Mengen.
- ☐ b) aller Lagerleistungen.
- ☐ c) aller Erlöse.
- ☐ d) aller Erlöse abzüglich der Kosten.
- ☐ e) aller Einnahmen.
- ☐ f) aller Eigen- und Lagerleistungen.

21 Welche der folgenden Aussagen über die Form des Abschlusses von Kaufverträgen ist richtig?

- ☐ a) Mündlich abgeschlossene Verträge sind nur verbindlich, wenn der Käufer die Ware sofort in Empfang nimmt und zahlt.
- ☐ b) Telefonisch abgeschlossene Verträge sind nur verbindlich, wenn sie schriftlich bestätigt werden.
- ☐ c) Kaufverträge über große Beträge (z.B. 5.000 €] müssen schriftlich abgeschlossen werden.
- ☐ d) Ein Minderjähriger kann Kaufverträge nur schriftlich abschließen, es sei denn, der gesetzliche Vertreter stimmt zu.
- ☐ e) Für den Abschluss von Kaufverträgen ist keine bestimmte Form vorgeschrieben.
- ☐ f) Grundstückskäufer benötigen die Schriftform.

22 In welchen der folgenden Fälle ist ein Kaufvertrag durch zwei übereinstimmende und verbindliche Willenserklärungen zustande gekommen?

- [ ] a) Frau A. bestellt schriftlich auf ein unverbindliches Angebot.
- [ ] b) Herr B. bestellt am 15.5. nach einem schriftlichen Angebot Waren, die spätestens am 25.5. geliefert werden sollen. In dem Angebot vom 12.5. heißt es u.a.: „Lieferzeit 4 Wochen".
- [ ] c) Herr C. fragt bei einer Firma an, ob sie ihm eine Ware für höchstens 50 € liefern können. C. erhält ein schriftliches Angebot, dass die Ware sofort für 45 € geliefert werden kann.
- [ ] d) Herr D. bestellt aufgrund eines schriftlichen Angebots 6 Stück zu 17,50 €. Im Angebot heißt es u.a.: „Preis je Stück 20 €. Bei Abnahme von mindestens 10 Stück 17,50 € je Stück."
- [ ] e) Frau E. nimmt in einem Selbstbedienungsladen Ware aus dem Regal und zahlt an der Kasse den angegebenen Preis.

23 Herr Wegener will seinen Wagen verkaufen. Ein Gebrauchtwagenhändler bietet während der Unterhaltung 2.000 €. Wann muss sich Herr Wegener entscheiden, falls keine Frist genannt wird?

- [ ] a) Sofort
- [ ] b) Innerhalb von einer Stunde
- [ ] c) Am gleichen Tag
- [ ] d) Innerhalb von drei Tagen
- [ ] e) Innerhalb von einer Woche
- [ ] f) Innerhalb von 2 Jahren

24 Ein Kaufmann hat ein verbindliches Angebot per Fax abgegeben. Zwei Tage später stellt er fest, dass er im Vergleich zu seinen Konkurrenten viel zu billig angeboten hat. Eine Bestellung des Kunden liegt noch nicht vor. Ist der Kaufmann noch an das Angebot gebunden?

- [ ] a) Nein, weil er noch widerrufen kann, solange keine Bestellung eingegangen ist.
- [ ] b) Ja, weil er das verbindliche Angebot nicht mehr widerrufen kann.
- [ ] c) Nein, weil der Kunde nicht am gleichen Tag per Fax bestellt hat.
- [ ] d) Ja, weil es ein verbindliches Angebot war.
- [ ] e) Ja, weil der Kunde eine Woche Überlegungsfrist hat.

㉕ Nicht jeder Antrag auf Abschluss eines Kaufvertrages ist rechtswirksam. Der Anbieter kann Vorbehalte geltend machen. In welchem der folgenden Fälle liegt kein verbindliches Angebot vor?

- ☐ a) Blumen-Importeur Hanke bietet seinen Kunden Tulpen aus Holland zu 9,95 €je 100 Stück an.
- ☐ b) Schreibwaren-Weiß zeichnet in seinem Laden Schulhefte, 6 Stück, mit 1 € aus.
- ☐ c) Radio-Bolz bietet das Fernsehgerät „Fernblick“ zum Sonderpreis von 295 € an: „Solange Vorrat reicht“.
- ☐ d) Die Fahrschule „Perfekt“ bietet laut Anschlag im Fahrschulraum Schülern und Auszubildenden einen Nachlass von 25% auf die jeweils geltenden Preise an.
- ☐ e) Ein Kunde/Tischlerei erhält von seinem Großhändler einen Katalog mit Preisen und Verkaufsbedingungen.

Entscheiden Sie, ob in den folgenden zusammengehörenden Aufgaben 6–17 die Kaufverträge nichtig, anfechtbar oder nicht anfechtbar sind.

㉖ Eine Mutter schickt ihr Kind zum Einkaufen. Es ist 5 Jahre alt. Für den Rest des Geldes kauft das Kind Bonbons. Der Kaufvertrag ist

- ☐ a) ichtig
- ☐ b) htbar
- ☐ c) nicht htbar

㉗ Zwei Männer vereinbaren mündlich die Lieferung von Rauschgift. Der Kauf-vetrag ist

- ☐ a) ichtig
- ☐ b) htbar
- ☐ c) nicht htbar

㉘ Ein Privatmann unterschreibt einem Vertreter eine Bestellung für eine Zeitschrift, ohne die auf dem Bestellschein abgedruckten Bedingungen [Widerrufsrecht innerhalb von 14 Tagen) zu lesen. Der Kaufvertrag ist dann

- ☐ a) nichtig
- ☐ b) anfechtbar
- ☐ c) nicht anfechtbar

㉙ Der Eigentümer eines Wochenendhauses verkauft das Haus an einen Interessenten für 20.000 €. Der Vertrag wird von beiden schriftlich abgeschlossen und unterschrieben. Der Kaufvertrag ist

- ☐ a) nichtig
- ☐ b) anfechtbar
- ☐ c) nicht anfechtbar

30 Ein Autohändler verkauft einen Wagen als unfallfrei, obwohl er wusste, dass der Wagen einen Unfall hatte. Der Kaufvertrag ist

- ☐ a) nichtig
- ☐ b) anfechtbar
- ☐ c) nicht anfechtbar

31 Eine Kundin bestellt bei einem Versandhaus eine Kette mit künstlichen Perlen. Versehentlich wird ihr zum gleichen Preis eine Kette mit echten Perlen geliefert. Der Kaufvertrag ist

- ☐ a) nichtig
- ☐ b) anfechtbar
- ☐ c) nicht anfechtbar

32 Ein Anwalt kauft bei seiner Bank Gold, weil er annimmt, dass der Goldpreis in nächster Zeit erheblich steigen wird. Er irrt sich, der Goldpreis geht sogar zurück. Der Kaufvertrag ist

- ☐ a) nichtig
- ☐ b) anfechtbar
- ☐ c) nicht anfechtbar

33 Ein Kunde bestellt versehentlich 2000 statt 20 Flaschen Wein für eine Familienfeier. Der Händler liefert ihm die bestellte Menge. Der Kaufvertrag ist

- ☐ a) nichtig
- ☐ b) anfechtbar
- ☐ c) nicht anfechtbar

34 Ein stark Betrunkener erklärt in einem Lokal: Wer ihm sofort 500 € bar zahle, könne dafür seinen neuen Mercedes 230 E haben. Ein Gast gibt ihm das Geld. Das Geschäft wird vor Zeugen durch Handschlag bekräftigt. Am nächsten Morgen kommt der Bekannte und will den fast neuwertigen Wagen abholen. DerKaufvertrag ist

- ☐ a) nichtig
- ☐ b) anfechtbar
- ☐ c) nicht anfechtbar

35 Ein Einzelhändler bestellt bei seinem Großhändler zum Wochenende wesentlich mehr Obst und Gemüse als sonst, weil er mit erheblich größerer Nachfrage und steigenden Preisen rechnet. Er irrt sich. Einen großen Teil der verderblichen Waren hat er bis Samstagnachmittag noch nicht verkauft. Der Kaufvertrag ist

- ☐ a) nichtig
- ☐ b) anfechtbar
- ☐ c) nicht anfechtbar

36 Eine Hausfrau unterschreibt eine Bestellung, nachdem ihr ein Vertreter gedroht hatte, er wolle ihrem Mann von ihrem Hausfreund erzählen, wenn sie bei ihm nichts bestellt. Der Kaufvertrag ist

- ☐ a) nichtig
- ☐ b) anfechtbar
- ☐ c) nicht anfechtbar

37 Ein Lieferer bietet eine Ware schriftlich für 15 € statt für 51 € an (Schreibfehler). Der Kunde bestellt 10 Stück für 15 €. Der Kaufvertrag ist

- ☐ a) nichtig
- ☐ b) anfechtbar
- ☐ c) nicht anfechtbar

38 Eine Kundin lässt sich Ware zurücklegen und leistet eine Anzahlung. Wie ist die Rechtslage?

- ☐ a) Der Kaufvertrag wurde durch den Widerruf am nächsten Tag nichtig.
- ☐ b) Der Kaufvertrag wurde durch den Widerruf angefochten.
- ☐ c) Die Kundin hat Anspruch auf Rückerstattung des Geldes, da der Händler keine Leistung erbracht hat.
- ☐ d) Der Händler hat Anspruch auf Abnahme der Ware und Restzahlung.
- ☐ e) Der Händler kann nicht auf Abnahme der Ware bestehen, muss aber der Kundin eine Ware im Wert der Anzahlung aushändigen.

39 In welchem der folgenden Fälle liegt *kein* Vertrag vor?

- ☐ a) Monika und Willi haben sich verlobt.
- ☐ b) Der Arzt Dr. Lang untersucht den Patienten Hurtig.
- ☐ c) Onkel Herbert schenkt seinem Neffen eine Uhr.
- ☐ d) Der Kaufmann Groß verkauft Kaugummis an Inga-Anna.
- ☐ e) Der Arzt Dr. Lang beschäftigt eine Angestellte stundenweise.

40 Nach dem BGB hat der Käufer bei sogenannten Haustürkäufen ein Widerrufsrecht. Innerhalb welcher Frist kann er sein Recht geltend machen?

- ☐ a) Frühestens einen Tag nach der Lieferung
- ☐ b) Spätestens nach Erhalt der Rechnung
- ☐ c) Schriftlich binnen zwei Wochen nach Abschluss des Vertrages ohne Angaben von Gründen
- ☐ d) Spätestens nach Erhalt der Lieferung
- ☐ e) Mündlich binnen 14 Tagen beim Vertreter

III.1 Lösungen zu: Ziele, Aufgaben und Aufbau von Betrieben und Unternehmen

1 Unterziele zur Gewinnmaximierung sind Umsatzsteigerung, Vergrößerung der Marktanteile, Kostensenkung.

2 Beschaffung dient der rechtzeitigen Bestellung von Material einschließlich der Lagerhaltung.

Produktion muss das betriebliche Leistungsangebot sicherstellen.

Durch Absatz der erzeugten Produkte oder Dienstleistungen werden die Erlöse (= Umsatz) erzielt, um alle Kosten des Betriebes zu decken und einen Gewinn zu erzielen. Durch die Verwaltung (Personalplanung-, beschaffung, Schulungsaufgaben) wird die Funktionsfähigkeit eines Betriebes gesichert; dazu gehört auch das Rechnungswesen und die Ablauforganisation..

3 Fertigungsverfahren:

Bei der **Einzelfertigung** wird ein Erzeugnis hergestellt, das der Kunde beauftragt hat, z. B. die angefertigte Haustür vom Schreiner.

Kleinserienfertigung liegt vor, wenn Erzeugnisse in begrenzter Stückzahl hergestellt werden, z. B. die Produktion von Fenstern gleicher Größe durch den Schreiner.

Bei der **Sortenfertigung** werden aus dem gleichen Grundstoff verschiedene Sorten auf denselben Maschinen produziert, z. B. die Varianten des VW Golf.

Bei der **Serienfertigung** werden größere Mengen eines Produktes in der Regel durch Fließfertigung erstellt, z. B. Tische und Stühle in der Möbelfabrik.

4 Die **Marktanalyse** ist die in der Regel einmalige Untersuchung eines räumlich abgegrenzten Gebiets hinsichtlich Kundenkreis, Kaufkraft der Kunden und Kundenwünschen. Dagegen ist die **Marktbeobachtung** die dauernde Erkundung des Beschaffungs- und Absatzmarktes, um z. B. Geschmacks- oder Modeänderungen rechtzeitig wahrzunehmen und darauf die eigenen Leistungen einzustellen.

5 Individuelle Antwort

III.2 Lösungen zu: Rechtsformen, Kosten und Leistungen, Zusammenschlüsse von Unternehmen

1 **a)** Vorteile Darlehen: Unabhängig von Partner, Zinsen abzugsfähig, Zinsen sind über Umsatz zu verdienen;
Vorteile Partner: keine Bankabhängigkeit, Partner ist Fachmann, Arbeitsteilung möglich.

b) Huber & Ebner Sanitäreinrichtungen OHG
c) Gesamtschuldnerisch, solidarisch, unbeschränkt
d) Auch ein neu eingetretener Gesellschafter haftet für die Altschulden.

2 **a)** Huber Sanitäreinrichtungen KG
b) Er ist kein Gesellschafter, der Verantwortung im Unternehmen trägt.
c) Namen jedes Gesellschafters, Firma und Ort, Vertretungsmacht des Gesellschafters, Bezeichnung der Kommanditisten und deren Einlagebetrag, die Daten des Kommanditisten werden nicht veröffentlicht.
d) Nein, da Herr Gütermann keine Vertretungsvollmacht hat.
e)

	Unternehmerlohn	**Verzinsung 8 %**	**Restgewinn**	**Gesamtgewinn**
Herr Huber	72 000,00 €	128 000,00 €	70 % = 77 000,00 €	277 000,00 €
Herr Gütermann		32 000,00 €	30 % = 33 000,00 €	65 000,00 €

Gewinn = 342 000,00 € – 72 000,00 € = 270 000,00 €

Unternehmerlohn = 270 000,00 € – 160 000,00 € = 110 000 €

Verzinsung = 110 000,00 €, der als Restgewinn im Verhältnis 70 : 30 aufgeteilt wird.

3 **a)** Kosten = 424 000,00 €
b) Betriebsgewinn = 560 000,00 € – 424 000,00 € = 134 000,00 €

Der Betrieb arbeitet wirtschaftlich, da die Erlöse größer als die Kosten sind.

4 Berechnung der Eigenkapitalrentabilität:
2016: 130 000,00 € · 100 : 390 000,00 € = 33,3 % Verzinsung des eigenen Geldes im Betrieb
2017: 150 000,00 € · 100 : 600 000,00 € = 25 % , also schlechter als im Vorjahr, aber immer noch gut!

5 Ein **Kartell** ist der Zusammenschluss von Unternehmen, die dabei rechtlich selbstständig bleiben. Zulässig sind Kartelle, um z. B. einheitliche Normen festzulegen; nicht erlaubt sind Kartelle, die den Wettbewerb einschränken, z. B. wenn großen Möbelhersteller sich im Vertrieb die Gebiete aufteilen.

Ein **Konzern** ist ein Zusammenschluss von Unternehmen, die rechtlich selbstständig bleiben, aber wirtschaftlich von einer Zentrale geführt werden, z. B. der VW-Konzern mit Seat, Skoda und den VW-Werken.

Bei einer **Fusion** verschmelzen mehrere Unternehmen zu einem einheitlich geführten Unternehmen.

Die Staaten und die EU versuchen über Gesetze (z. B. das **Kartellgesetz**), den Zusammenschluss von großen, marktbeherrschenden Unternehmen zu verhindern, um Wettbewerb und damit entsprechende Preise für die Verbraucher zu erreichen.

III.3 Lösungen zu: Verbraucher, Verträge, Verbraucherschutz

1. Wirtschaftlichkeitsprinzipien:
   a) Minimalprinzip
   b) Maximalprinzip
   c) Minimalprinzip
   d) Maximalprinzip

2. Bedürfnisse = Mangelempfindungen des Einzelnen
   Kaufkraft = verfügbares Geldeinkommen

   Bedarf = die Güter und Dienstleistungen, die der Einzelne mit seinem Einkommen kaufen kann. Bedürfnisse + Kaufkraft = Bedarf

   Nachfrage = die tatsächlich ausgeübten Käufe

3. Seit 2013 gibt es das Bundesministerium für Justiz und Verbraucherschutz in Berlin, durch das alle maßgeblichen verbraucherpolitischen Zuständigkeiten auf der Bundesebene gebündelt werden. In den einzelnen Bundesländern gibt es jeweilige Verbraucherschutzminister.

4. Die wesentlichen Bestimmungen des Wettbewerbs- und Verbraucherrechts sind

   - das Kartellgesetz: Gesetz gegen Wettbewerbsbeschränkungen (GWB), das die Marktmacht großer Unternehmen beschränkt
   - das Gesetz gegen unlauteren Wettbewerb (UWG)
   - die Preisangabenverordnung
   - das Widerrufsrecht bei Haustürgeschäften (§ 312 BGB). Der Kunde kann von Hautürverträgen, Verträgen vor Supermärkten, bei Kaffeefahrten innerhalb von zwei Wochen schriftlich, ohne Angabe von Gründen zurückzutreten. Diese Widerrufsfrist gilt auch für Kreditverträge. Auch bei Abzahlungsverträgen zwischen Unternehmen und Verbraucher kann ein Kunde innerhalb von 2 Wochen schriftlich ohne Begründung von dem Vertrag zurücktreten.
   - Der Schutz von Reisenden bei Pauschalreisen

5 Zur marktwirtschaftlichen Ordnung gehört, dass die Verbraucher sich objektiv über die Waren informieren können. Der Staat finanziert dies. Zu nennen sind folgende Verbraucherorganisationen:

- „Verbraucherzentrale Bundesverband e. V." als Dachorganisation aller Verbände
- Stiftung Warentest, Berlin. Dieses unabhängige Institut führt laufend vergleichende Tests von Produkten und Dienstleistungen durch; Publikationen: Test, Finanztest, Ökotest.
- 16 Verbraucherzentralen mit über 200 Beratungsstellen bundesweit.

6 Bei Reklamation, also die Beanstandung eines erworbenen Produktes, das Mängel aufweist:

- Rat einholen bei einer Verbraucherberatungsstelle
- Gewährleistung von 2 Jahren nutzen

Voraussetzung für Reklamation fast immer: Kassenbon oder Quittung vorlegen

7 Die EU ist aktiv, wenn es um den Schutz der Gesundheit oder den Umweltschutz geht. So ist z. B. die Verwendung von Hormonen zur Tiermast europaweit verboten, auch sind Hygienekontrollen bei Frischfleisch vorgeschrieben. Daneben hat die EU Richtlinien zum Verbraucherkredit, zur Produkthaftung und Produktsicherheit erlassen, die durch Umsetzung in nationales Recht europaweite Standards setzen.

8 Das UWG-Gesetz soll Verbraucher vor allem vor unseriösen Geschäftspraktiken und aggressiven Werbemethoden schützen und für besseren Wettbewerb sorgen.

So sind verboten:

- Unwahre Angaben über die Ware („Bester Leim des Jahrhunderts")
- Lockvogelangebote, mit denen durch Herausstellen einzelne Niedrigpreisartikel ein preisgünstiges Gesamtangebot vorgetäuscht wird
- Bestechung von Angestellten, um betriebliche Informationen zu erhalten
- Unlauter ist auch die Werbung nach Art eines Gewinnspiels, bei der den Interessenten nach Zustellung der Gewinnspielunterlagen die irrige Vorstellung vermittelt wird, durch die erhaltenen Unterlagen bereits einen Preis gewonnen zu haben.

III.4 Lösungen zu: Existenzgründung, soziale Marktwirtschaft, Globalisierung, Datenschutz

1 **a)** Die Bundesdatenschutz-Grundverordnung soll den Einzelnen davor schützen, dass er mit seinen personenbezogenen Daten durch den Umgang mit Behörden (Staat) oder Unternehmen (Betriebe, Arztpraxen, Apotheken, Telekom) in seinem Persönlichkeits-

recht beeinträchtigt wird. Das Gesetz gilt für die Erhebung, Verarbeitung und Nutzung personenbezogener Daten; auch sachliche Daten (Vermögen, Einkommen) werden vom Gesetz geschützt.

b) und **c)** Individuelle Antworten

2 **a)** Anmeldepflicht besteht

- beim städtischen Gewerbeamt, bei kleineren Städten oder Gemeinden oft auch beim Ordnungsamt,
- bei der Handwerkskammer (Handwerksbetriebe) oder der Industrie- und Handelskammer (Handels- und Verarbeitungsbetriebe),
- beim Finanzamt,
- bei der zuständigen Berufsgenossenschaft, wenn mindestens ein Arbeitnehmer beschäftigt ist.

b) Der Weg von der Geschäftsidee bis zur Eröffnung des eigenen Unternehmens erfolgt in Phasen:

1. Selbstüberprüfung: Macht die Familie/Freundin mit? Gibt es ein gewisses Mindestkapital? Allein oder mit Partner?
2. Informationen sammeln über: Behörden, Krankenkasse, Beratung durch Fachleute. Gibt es eine Zielgruppe, die das Produkt oder die Dienstleistung kauft? Wie stark ist die Konkurrenz? Will man eine Einzelunternehmung, wobei voll gehaftet wird?
3. Wichtig: Businessplan. Er soll Idee, Zielgruppe, Kundennutzen, Marktchancen, Finanzbedarf enthalten, die Geldgeber überzeugen sollen.
4. Entscheidung und Realisierung: Bankgespräche führen, Geschäftsräume mieten, Infrastruktur (Energieversorgung, Telefonanlage, Maschinen und Fahrzeuge auswählen, EDV) sichern, Lieferanten und Kunden ansprechen, lokale Presse informieren, Firma anmelden und Handelsregistereintrag beim Amtsgericht beantragen
5. Start mit Eröffnungsfeier.

c) siehe **b)** 3.

3 **a)** Je begehrter und neuer ein Produkt ist, umso höher kann der Preis sein, den das Unternehmen für sein Produkt verlangen kann. = Angebot und Nachfrage bestimmen den Preis.

b) Grundsätze der sozialen Marktwirtschaft:

- Konsumfreiheit: Jeder von uns kann kaufen, was, wo und wann und zu welchem Preis.
- Gewerbefreiheit: Jeder von uns kann Beruf, Arbeitsplatz, eigenen Betrieb gründen, wie er es im Rahmen des Gesetzes für richtig hält.

- Wettbewerbsfreiheit: Verkäufern und Käufern steht es frei, so günstig wie möglich zu verkaufen bzw. zu kaufen, unabhängig von Staat oder anderen Unternehmen.
- Freiheit des Eigentums: Jeder darf Eigentum haben und es nutzen, wie er es möchte, es sei denn, die Nutzung verstößt gegen das Gemeinwohl oder gegen Gesetze, z. B. der Unternehmer produziert asbesthaltige Produkte. Grundgesetz: Eigentum wird geschützt, verpflichtet aber auch zum Gemeinwohl.
- Sicherung des Wettbewerbs: Vom Staat bzw. seinen Gerichten wird in die Marktfreiheit eingegriffen, wenn größere Unternehmen (Konzerne) Preise absprechen oder Wettbewerber durch Dumping (künstlich niedrige Preise) versuchen vom Markt zu vertreiben. Beispiele: Die wenigen deutschen Zementhersteller sprachen die Preise gegenüber den Kunden ab. Dieses wurde festgestellt und die Unternehmen wurden 2007 zu 790 Mio. € Strafe verurteilt; Städte und Gemeinden müssen bei öffentlichen Arbeiten (z. B. Straßenbau) den Auftrag ausschreiben und den günstigsten Anbieter auswählen.
- Sozialer Ausgleich: Der Staat lässt Wohlhabende hohe Steuern zahlen, um Bedürftigen (Kranken, Alten, Arbeitslosen) Leistungen geben zu können.
- Grundgesetz: Die Bundesrepublik Deutschland ist ein Sozialstaat – damit hat jeder Bedürftige in unserem Land Anspruch auf Leistungen vom Staat, wenn er nicht selber für sich sorgen kann.

4 Der Begriff Arbeitsteilung drückt aus, dass die Güterproduktion nicht mehr von einem Unternehmen allein geleistet werden kann, sondern diese in einzelne Teileverrichtungen oder Arbeitsgänge aufgespalten wird, die dann von verschiedenen Arbeitnehmern, Abteilungen, Betrieben oder Wirtschaftsbereichen erledigt wird.

Entsprechend wird unterschieden in berufliche Arbeitsteilung (der Elektrohandwerker leistet eine andere Arbeit als die Bürokauffrau),

- technische Arbeitsteilung (Betrieb A produziert Tische, Betrieb B produziert Wurst, Betrieb C bietet Reisen an),
- volkswirtschaftliche Arbeitsteilung (im Kölner Raum wird Braunkohle abgebaut, in Wolfsburg wird der VW gebaut),
- internationale Arbeitsteilung (Russland liefert Deutschland Erdgas und Erdöl und erhält dafür Autos und Maschinen).

5 **a)** Antworten (1), (3), (4) und (8) widersprechen der Definition von Globalisierung.

b) Kontra Globalisierung:

- Unternehmen sparen an Lohnkosten, indem sie hoch bezahlte Arbeitsplätze in Billiglohnländer verlagern.
- Multinationale Unternehmen (Konzerne) verlagern ihre Zentrale in Niedrig-Steuerländer, sodass dem Staat Steuereinnahmen fehlen.

- Abwanderung der Arbeitsplätze in Niedriglohnländer bzw. durch Niedriglöhne verdienen auch die Arbeitnehmer in den Industrieländern immer weniger.

Pro Globalisierung:

- Zwei bis drei von fünf Arbeitsplätzen in Deutschland hängen direkt oder indirekt von den Exporten in die ganze Welt ab und damit auch die Einkommen der hier Beschäftigten.
- Die Wirtschaftsleistung der Industrieländer (Bruttoinlandsprodukt) hat sich in den letzten 60 Jahren durch den Welthandel verdreifacht.
- Durch den Welthandel (Importe) und unseren offenen Staat lernen wir neue Kulturen kennen, erweitern unseren Horizont und leben, essen und trinken immer vielfältiger.

c) Multis wie BASF, VW, Deutsche Bank – also Unternehmen, die in der ganzen Welt durch Produktionsstandorte und/oder Verkaufsniederlassungen vertreten sind – haben dennoch in Deutschland Hundertausende Beschäftigte, die einen guten Lohn und Sozialleistungen bekommen und hier Steuern zahlen. Durch Innovationen (neue Produkte) sichern sie Arbeitsplätze. Häufig nutzen sie ihre starke Position, um Zulieferfirmen preislich unter Druck zu setzen und Einfluss auf die Politik in ihrem Sinne zu nehmen.

Der Staat muss durch Gesetze kontrollieren, dass die Macht dieser Großunternehmen nicht zu stark wird und Wettbewerber unrechtmäßig ausscheiden.

III.5 Lösungen zu den gebundenen Aufgaben

Seite 159–160		Seite 160–161	
1	e	6	b
2	b	7	b
3	e	8	d
4	d	9	d
5	e	10	d

Seite 161–162	
11	d
12	e
13	c
14	d
15	a

Seite 162–163	
16	c
17	d
18	c
19	c
20	c

Seite 163–166	
21	e
22	e
23	a
24	c
25	c
26	a
27	a
28	c
29	a
30	b

Seite 166–167	
31	b
32	c
33	b
34	a
35	c
36	b
37	b
38	d
39	a
40	c

Sachwortverzeichnis

Bildquellenverzeichnis

Fotos:
dpa Picture-alliance GmbH, Frankfurt: S. 32
stock.adobe.com: S. 9 (Atelier 211), S. 88 (ehrenberg-bilder)